N & K

Bruno Ziauddin

# BAD NEWS

Roman

Nagel & Kimche

Der Verlag dankt dem
Kanton Zürich, Fachstelle Kultur
für die freundliche Unterstützung

1 2 3 4 5    20 19 18 17 16


Satz im Verlag
Druck und Bindung: GGP Media GmbH, Pößneck
ISBN 978-3-312-00690-8
Printed in Germany

MIX
Papier aus verantwortungsvollen Quellen
FSC® C014496

*Für S. & B.*

*Wir sind gezwungen, »Farbe zu bekennen«,*
*sonst sind wir »ohne Gesinnung«.*
*Es ist das Kennzeichen der engen Welt,*
*dass sie das Undefinierbare verdächtigt.*

**JOSEPH ROTH**

Der Alarm ertönte. Die OP-Schwester ging zur Stoppuhr hinüber, die an der Wand des Schockraums hing. Die anderen stellten sich im Halbkreis auf. Zwanzig Sekunden später rollten die Rettungssanitäter, im Jargon Lieferanten genannt, die Trage herein. Der Notarzt folgte, grüßte knapp und setzte zum Rapport an: Patient männlich, Mitte dreißig, Stichverletzungen thorakal und abdominal. Atemwege frei, Verdacht auf einen Pneumothorax mit beginnender Spannungssituation. Kreislaufinstabil. GCS 11.

**MINUTE 1–2**

Die Lieferanten hoben den Schwerverletzten auf den Schockraumtisch. Am Kopfende begann die Anästhesie mit der Verkabelung. Beatmungsmaschine, Blutdruckmanschette, Fingerclipsensor für das Pulsoximeter, Temperatursonde, EKG-Kabel. *Piep. Piep. Piep.*

Der Radiologieassistent schob eine Röntgenplatte unter den Tisch; die Anästhesieschwester entnahm Blut. Manuel Hoffmann, Oberarzt Unfallchirurgie, seit dreizehn Stunden im Dienst, stand rechts neben dem Patienten und ließ sich das Ultraschallgerät reichen. Vom Kopfende meldete die Anästhesistin: «Wir bekommen ein Problem mit der Atmung. Ich muss intubieren.» *Piep-piep-piep-piep.*

**MINUTE 3–10**

Hoffmann schnitt das Hemd des Patienten auf. Ungewöhnlicher Stoff, ging ihm durch den Kopf. Am linken Brustkorb sah er eine kleine blubbernde Wunde, aus der Blut rann. Fast gleichzeitig hörte er ein leises *Pfff* wie von einem lecken Fahrradschlauch. Der Assistent hielt das Stethoskop bereit. Hoffmann war sich auch so sicher: ein offener Pneu. Also Programmwechsel. Zuerst eine Thoraxdrainage, um die Lunge zu entfalten, dann den Ultraschall. Während die Anästhesistin intubierte, lagerte Hoffmann die Arme des Patienten aus. Er zog Mundschutz, Haube und Handschuhe an,desinfizierte den Oberkörper des Patienten und deckte steril ab.

Hoffmann setzte das Skalpell an und machte im Bereich der vorderen Achselfalte auf Höhe der Mamille einen Hautschnitt. Dann nahm er die Schere, schob sie in das Loch, spreizte Fettgewebe und Muskel und perforierte die Pleura. *Plop.* Jetzt drang er mit dem Zeigfinger in die Öffnung und palpierte, um sicherzugehen, dass er in der Brusthöhle war. Schließlich legte er den Schlauch hinein, nähte ihn an die Haut an, verband ihn mit dem Drainagesystem und verschloss die Wunde.

**MINUTE 11–12**

Ein OP-Pfleger drehte den Vakuumregler auf. Hoffmann blickte auf den sich füllenden Sekretbehälter: 750 Milliliter Blut. Unschön, aber im zu erwartenden Bereich. Er auskultierte die Lunge. Nun war ein Atemgeräusch hörbar, Zeit für den Ultraschall. Mit der Sonde fuhr er über Leber, Milz und Nieren, gleichzeitig stellte er den Monitor scharf. Die Haut des Patienten war blass, feucht und kalt. Um die Morison-Grube sah er einen schwarzen Fleck, ein Hinweis auf Blut. Er fuhr nach oben und untersuchte den rechten Brustkorb. Auch hier Blut. Ebenso im Perikard. Die Stiche, offensichtlich von einem Messer, hatten nicht nur Lunge und Leber verletzt, sondern wahrscheinlich auch das Herz. *Piepiepiepiepiep.*

«Wir haben fast keinen Druck mehr.»

«Wie viel?»

«Sechzig/dreißig.»

«Ich gebe vier Blutkonserven Null negativ.»

«Level One bereitstellen.»

«Ich brauche einen Unterassistenten.»

«Patient wird *bradykard*.»

«Vorbereiten zum Thorakotomieren links.»

*PIEPIEPIEPIEPIEP.*

**MINUTE 13–19**

Eine Massenblutung hört man, dachte Hoffmann. Herbeieilende Ärzte, hinauseilende Blutkuriere, das Heranrollen der medizinischen Apparaturen, das leise Scheppern des Instrumententischs, die Kakophonie der Anordnungen und Alarmsignale. Er desinfizierte den Thorax dreimal und glitt in den sterilen Mantel, den der OP-Pfleger bereithielt. Jetzt ließ er sich das Skalpell reichen. Mit dem Finger markierte er den Schnittverlauf, der zwischen vierter und fünfter Rippe quer über den linken Brustkorb führen würde. Er öffnete Haut und Subkutis mit einer fließenden, entschlossenen Bewegung. Als Nächstes durchtrennte er die Muskulatur. Wieder setzte er das Skalpell vertikal an und schnitt zügig, um möglichst wenig Blutgefäße zu verletzen. Er verlangte nach der groben Schere. Über den Zugang, den er für die Drainage eröffnet hatte, drang er in die Brusthöhle. Während er mit der linken Hand die Lunge zur Seite schob, schnitt er mit der rechten durch das Gewebe. Es blutete wie ein Schwein. Auch nach Dutzenden von Thorakotomien beeindruckte ihn diese Heftigkeit jedes Mal von neuem.

**MINUTE 20–26**

Der Radiologe betrat den Raum, die entwickelten Röntgenbilder in der Hand. Er sah den offenen Brustkorb und wusste: Keiner würde sich jetzt noch für seinen Befund interessieren. Die Anästhesistin schüttete Adrenalin, fünfzig Gamma aufs Mal. Sachlich sagte sie: «Mach vorwärts, Hoffmann. Wir können ihn nicht mehr lange halten.» *Piepiepiepiepiepiep.*

Hoffmann ließ sich den Mercedes-Spreizer reichen. Er legte den Spreizer in die Öffnung und drehte auf, bis ein klaffendes Loch vom Durchmesser einer Grapefruit entstand. Nun hatte er freie Sicht auf die Lunge und das schlagende Herz.

Wo war die Hauptblutung? Er fuhr mit der Hand durch die Brusthöhle und wischte Blutergüsse heraus. Für einen Moment dachte er an seine neunjährige Tochter, der er aus den USA Marshmallows mitgebracht hatte. So fühlte sich eine Lunge an: wie Marshmallows. Da sah er die Verletzung. Er ließ sich die Duval-Klemme geben und drückte zu, um die Blutung zu stoppen. Dann nähte er die Wunde, so schnell er konnte. Zwei Stiche, sechs Knoten, zehn Sekunden.

*Piepiepiepiepiep.* Die Anästhesie schaffte es noch immer nicht, den Patienten zu stabilisieren. Hoffmann blickte auf den prallen Herzbeutel. Es blieb ihm nichts anderes übrig, als aufzumachen. Er nahm die Pinzette, hob den Herzbeutel an und schnitt ihn mit einer feinen Schere der Länge nach auf. Der Assistent sog den Blutschwall ab. Nach ein paar Sekunden fand Hoffmann die Stichwunde im linken Ventrikel. Er presste den Daumen auf die Wunde und atmete tief durch. Dann verlangte er nach Nadelhalter und Prolenfaden. Als er die Nadel ansetzte, begann das Herz zu flimmern.

*Ppp'p...ie...piep...pi...ie...p...i...ep...i...*

**MINUTE 27–32**

Du bist zu jung, um zu sterben, dachte Hoffmann, während er das Herz in die rechte Hand nahm. Seine Hände waren groß genug, um eine offene Reanimation einhändig durchzuführen. Mit einer Frequenz von hundert Schlägen pro Minute presste er das Herz von der Spitze her zusammen. Ein englisches Lehrbuch, das er während des Studiums erworben hatte, verglich den Vorgang mit Melken. Eigenwillig, aber treffend. Nach zwanzig Sekunden normalisierte sich der Herzschlag. Die Anästhesistin meldete einen steigenden endexspiratorischen $CO_2$-Wert; Hoffmann griff erneut zu Nadel und Faden.

Ein pumpendes Herz zu nähen war etwa gleich angenehm, wie ein volles Tablett über eine Schaumstoffmatratze zu balancieren. Dennoch schaffte er es praktisch immer, die Nadel so sauber zu führen, dass sie unverbogen blieb. Nicht jeder Chirurg konnte das von sich behaupten. Sobald er die Wunde versorgt hatte, gab die Anästhesie Volumen, um den Blutverlust zu kompensieren. Hoffmann hob das Herz nochmals hoch, um sicherzugehen, dass er keine Verletzung übersehen hatte. Der Assistent spülte den Brustkorb mit warmem Wasser aus.

**MINUTE 33–35**

*PIEPIEPIEPIEPIEPIEPIEPIEP!*

«Wir können den Druck nicht halten. Es muss eine weitere Blutungsquelle geben.» Die Anästhesistin klang zum ersten Mal beunruhigt.

Also erneut Ultraschall. Leber, Milz, Unterbauch, rechter Brustkorb. Es war der rechte Brustkorb. Hoffmann schwitzte. «Ich mache jetzt ganz auf. Einverstanden?»

«Einverstanden.»

Schnitt von der rechten vorderen Achselfalte bis zum Brustbein. Muskulatur und Pleura durchtrennen. Mit der Gigli-Säge das Brustbein entzweischneiden. Den großen Mercedes-Spreizer einlegen und voll aufspannen. Nun war der Brustkorb auf der gesamten Länge eröffnet. Aufgeklappt wie eine pulsierende Riesenmuschel. Daher der Name: Clamshell-Thorakotomie.

# 1

Er sah in den Spiegel, machte ein Geräusch, als müsste er sich übergeben, ging zurück ins Schlafzimmer, stieg aus der Anzughose (Helmut Lang) und nahm die Italo-Jeans aus dem Schrank, die ihm die Ex bei einer ihrer letzten Städtereisen aufgeschwatzt hatte (180 Euro, Mailand). Sein künftiger Chef würde bestimmt einen Zweireiher aus schwerem Stoff tragen, dazu eine Krawatte mit zwiebelgroßem Krawattenknopf. Das sah zwar scheiße aus, gerade bei einem jüngeren Mann, signalisierte aber Seriosität, Berechenbarkeit und Wirtschaftsnähe.

Natürlich wollte auch er heute Abend nicht wie ein Attac-Aktivist daherkommen. Immerhin handelte es sich um einen – nein: feierlich war zu pathetisch, schließlich ging es weder um eine Hochzeit noch um eine Beerdigung. Aber ein spezieller Moment war das schon. Für ihn persönlich, nicht für die Völkergemeinschaft, schon klar. Neun Tage waren seit dem leicht surrealen Anruf vergangen. Samstagabend, Viertel nach zehn, unbekannte Nummer. Er saß beim Spanier im Rotlichtviertel, um sich den Clásico anzusehen. Welcher Depp ruft um diese Zeit an?, dachte er. Die Neugier siegte (1:0), und er zwängte sich an erregten Fußballfans vorbei ins Freie, um das Gespräch entgegenzunehmen. Vielleicht war die Schönheit aus der Klinik dran (ein In-Klub, keine Nervenheilanstalt).

Was er zu hören bekam, war die größte Lobeshymne, die je auf ihn angestimmt worden war; schade, dass er kein Aufnahmegerät dabeihatte. Herausragend! Einer der begabtesten

Journalisten seiner Generation! (Als sei der Anrufer siebenundachtzig und er vierzehn.) Die Wahl der Themen: überraschend, aber nicht überoriginell! Die Umsetzung: differenziert, aber nicht beliebig! Der Ton: ironisch, aber nie zynisch! Überhaupt die Sprache: Champions League! (Vorgesetzte und ihre Sportmetaphern, das wäre mal einen Artikel wert.) Und dann fiel dieses Wort, das beinahe alles kaputtgemacht hätte: Ob er Interesse habe, bei der wichtigsten Wochenzeitung des Landes *Führungsverantwortung* zu übernehmen.

Führungsverantwortung. Ein Wort mit zwiebelgroßem Krawattenknopf. Genau wie Zielgruppenorientierung, Synergien, USP, Ebit-Marge. Er hasste den Businessjargon, der sich auf den Redaktionen ausbreitete, als sei Journalismus ein MBA-Seminar und Chefredaktoren McKinsey-Aspiranten. Er wollte nichts mit diesen Wörtern zu tun haben. Das war Anthrax für den Geist. Schon Kleinstmengen konnten einen heillos kontaminieren. *Fhrngsvrntwrtng.*

Keine Lust, dachte er und ahnte im selben Moment: Er würde zusagen. Als freischaffender Journalist Anfang dreißig *konnte* man ein solches Angebot nicht ablehnen. Sonst war man reif für die Klinik (nein, nicht das In-Lokal). Er wurde von einer inneren Unruhe erfasst, einer diffusen Angst, etwas Entscheidendes zu verpassen – wie ein Gaffer, den es zu einer Menschenansammlung hinzog, obwohl er kein Blut sehen konnte.

Während der darauffolgenden Tage kam es zu intensivem E-Petting. So nannte sein alter Freund Doppelhuber (er wog hundert Kilo, daher der Name) den mit Schmeicheleien, risikolosen Hänseleien und der Zurschaustellung von Esprit dekorierten Mailverkehr, den Vorgesetzte und die von ihnen umworbenen Mitarbeiter in jenem sorglosen, an Verliebtheit grenzenden Stadium pflegen, in dem aus der Möglichkeit des Zueinanderfindens süße Gewissheit wird.

Schließlich einigte man sich auf den Lohn, auch das ein Spiel. Er wusste, dass er mehr hätte herausholen müssen, und sein künftiger Chef wusste, dass er mit weniger als dem Maximum davonkommen würde. Wie immer, wenn er jemandem zu einem Karrieresprung verhalf.

Nachdem ihn auch Karina ermutigt hatte, die Stelle anzunehmen, gab es keine Ausreden mehr. Aber was heißt schon ermutigt? «Wenn du jetzt kneifst, bist du eine Megasissi», hatte sie kühl gelächelt. Und angefügt: «Du wirst dreimal so viel verdienen wie ich und musst dir am Abend keine Babykacke von den Fingernägeln kratzen.»

Überraschend war weniger, dass der Fall für sie klar war. Für sie waren die Fälle immer klar. Das befremdete ihn an ihr und zog ihn zugleich an. Geld gut, Ferien gut, Sex gut. Montag schlecht, Mens schlecht, schlechtgekleidete Männer schlecht. House besser als Hiphop, Gillette Venus besser als Enthaarungscreme, Chef besser als Vizechef, Vizechef besser als nichts. Entsprechend ungerührt hatte sie seine zweihundertsiebenundfünfzig objektiv begründeten Einwände zur Kenntnis genommen, den Kopf leicht zur Seite geneigt, die Augenbrauen übertrieben hochgezogen, wie man einem Dreijährigen zuhört, der sich vor dem Krokodil hinter dem Sofa fürchtet.

Nein, Karinas Reaktion war keine Überraschung. *Breaking news* war, dass er sie überhaupt nach ihrer Meinung gefragt hatte. Karina, Kleinkinderzieherin, sieben Jahre jünger als er (was ihm manchmal fast ein wenig peinlich war), Vater Mazedonier, Mutter Schweizerin, war «mehr als eine Affäre und weniger als eine feste Beziehung». So die Sprachregelung, die sie ihm an einem ihrer Ich-kann-auch-anders-Abende abgerungen hatte. «Weder Fisch noch Vogel», knurrte sie. «Weder ficken noch vögeln ist auch nicht schön», rutschte es ihm heraus. Sie lachte, was ihn sehr erleichterte, denn er fürchtete sich vor ihrem balkanischen Furienblut. In den achtziger Jahren, ging es ihm durch den Kopf, wäre er für den Spruch von einem Rollkommando wallender Batikröcke abgeführt worden. *Praise the Lord*, dass die griesgrämigen Zeiten mit ihrem heiligen Gesinnungsernst vorbei waren!

Und nun also der Last-Minute-Entscheid pro Jeans und contra Anzughose. Womit seine Bereitschaft, *Fhrngsvrntwrtng* zu übernehmen, schon mal bewiesen wäre. Dank Jackett und weißem Hemd sah er elegant genug aus, um in dem Lokal, in dem er mit seinem Demnächst-Chef verabredet war, nicht unangenehm aufzufallen (eine ins Schummerlicht eines Puffs getauchte Edelholzbar, die von siegelringtragenden Zigarrenrauchern und ihren nach Anne-Sophie-Mutter-Art zurechtgemachten Begleiterinnen frequentiert wurde). Gleichzeitig signalisierte sein Unten-ohne-Look: *¡No pasarán!* Im Anzug, egal wie schnittig der sein mochte, fühlte er sich nie richtig wohl. Er kam sich so artig vor, ausstaffiert. Wie bei der Erstkommunion, als er von den Eltern in ein marineblaues Sakko gesteckt worden war und die Mutter, um die Demütigung perfekt zu machen, auf einer gepunkteten Fliege bestanden hatte. Doch, doch: So viel pubertärer Protest musste sein.

Als er vom Fahrrad stieg, war es 19.51 Uhr, neun Minuten zu früh. Da er sicher sein wollte, das Lokal nicht als Erster zu betreten, ging er an der Edelholzbar vorbei und bog in eine Seitenstraße. Dort lehnte er sich lässig an eine Hauswand, einen Fuß an die Mauer gestellt, die Hände in den Hosentaschen, so dass er ein wenig aussah wie ein Stricher. Er wartete bis 20.03 Uhr. Dann ging er zurück, überzeugt davon, dass sein Chef mittlerweile am Tresen sitzen und ihm – dem neuen Kadermann, Vertrauten, Wunschmitarbeiter, Champions-League-Schreiber – jovial zuwinken würde, sobald er durch die Tür kam.

Um 20.16 Uhr bestellte er ein zweites Mineralwasser.

Um 20.24 Uhr piepste sein Nokia 7650, ein aufklappbares Hightech-Ding, mit dem man sogar Fotos schießen konnte (etwas prollig, ein Geschenk von Karina).

«*5 Min. Sorry, T.*»

Um 20.33 Uhr, er hatte soeben einen Espresso bestellt, wurde ihm bewusst, dass er dringend pinkeln musste. Doch was, wenn er auf dem Weg zur Tür war und T. ausgerechnet dann hereinkäme? Hallo Chef, ich muss mal. Sturm und Harndrang! Haha.

Um 20.35 Uhr stand er abrupt auf und eilte leicht vornübergebeugt Richtung Toilette.

Als er an den Tresen zurückkehrte, saß T. an einem Fensterplatz und machte konzentriert Notizen. Es blieb ihm nur, mit seinem Espresso quer durch den Raum zu latschen, als wäre er hier der Kellner. Einen halben Meter vor T. wollte er zu einer geistreichen Begrüßung ansetzen, als dieser fahrig hochblickte und sagte: «Und – sollen die Amis in den Irak rein?»

# 2

*«NIMM DEIN' KOCHLÖFFEL UND KOCH MIR ENDLICH HUMMER, FOTZE! ICH FICK DEIN' ARSCH, WÄHREND DU KOCHST! WIE SIEHST DU EIGENTLICH AUS? GEH INS BAD UND MACH DICH HÜBSCH, DUMME NUTTE …!»*

Damir hatte den Walkman auf Lautstärke 9 gedreht, als er das Treppenhaus hinunterging. Beinahe wäre er über den Negerbuben aus dem dritten Stock gestolpert, der mit seinem Dreirad durch den Korridor flitzte. «Kannst du nicht aufpassen?», fuhr er den Jungen an. Dieser blickte verständnislos zu ihm hoch und streckte ihm ein Plüschtier entgegen. Irgendwie tat ihm der Junge leid. Er schien die meiste Zeit allein zu sein. Was waren das für Eltern?

Damir hatte nichts gegen Afrikaner. Ihn störte einfach, dass sie nie grüßten, die Wäsche im Trockenraum hängen ließen und dass die Kochschwaden aus der Nachbarswohnung sein Zimmer verpesteten. Am meisten nervten sie beim Fußball: Ständig am Trikot des Gegners zerren, und wenn man sich wehrte, machten sie einen auf Rassismus. Lustig eigentlich, dass sein bester Kolleg ebenfalls Afrikaner war. Okay, streng genommen war er keiner. Henri stammte von der Insel mit dem durchgeknallten Priester-Präsidenten, deren Name er immer vergaß. Hawaii? Honduras? Richtig, Haiti.

Henri war einfach ein cooler Typ. Damir mochte ihn sehr.

Darum war es auch okay, wenn Henri ihn mit «Hallo Schippi» begrüßte, obwohl er ihm tausendmal erklärt hatte, dass Bosnier keine Schippis waren. Damir antwortete jeweils mit «Na, Kunta Kinte, heute schon mit Drogen gedealt?» Dabei wusste Henri nicht mal, wie man einen Joint drehte.

*«WER WILL KRIEG? DU NICHT, DENN DU BIST LIEB. WIR FICKEN DEINE GANG, DU SCHLAMPE. IHR SEHT ALLE AUS WIE JUNKIES. WER WILL KRIEG? DU NICHT, DENN DU BIST LIEB. WIR FICKEN DEINE GANG, DU SCHLAMPE ...»*

Damir hätte nicht sagen können, wen er geiler fand: Bushido oder Snoop Dogg. Der Vorteil von Bushido war, dass man die Texte verstand. Jedenfalls das meiste. Zudem hatte jede Goldküsten-Tussi schon von Snoop Dogg gehört. Mit dem deutschen Araber hingegen ließ sich punkten. Damir war vermutlich einer der Ersten in der Stadt, der eine Bushido-CD besaß. Sein Cousin aus Berlin hatte sie ihm besorgt. Der Cousin war auch der Grund, wieso er so früh am Morgen zu den Briefkästen hinunterging. Normalerweise stand er am Samstag nie vor zwölf auf. Jetzt aber erwartete er Post. Ein Live-Mitschnitt vom Auftritt eines iranischen Rappers aus Hessen oder Essen. Ultimativer Insidertipp.

«Versuch's doch selber mal. Du bist schlagfertig und hast eine große Klappe», hatte ihn der Cousin beim letzten Telefongespräch ermutigt und dabei wie Onkel Hamid geklungen. In welcher Sprache, bitte, hätte er rappen sollen? Bosnisch? Wenn sie in den Sommerferien zu *baka* fuhren, der Großmutter, machten sich die alten Kollegen über seinen Akzent lustig. Hochdeutsch? Da brachte er einfach keinen *flow* hin, auch wenn sein früherer Chef gemeint hatte: «Für ein Jugo sprichst du aber gut Deutsch.» Gangsta Rap auf Mundart? Nahm keine Sau ernst. Damir Šefkovic, der Alpen-Tupac!

Fest stand allerdings, dass er seinem großen Ziel kein bisschen näher gekommen war. Damir wollte Videoclip-Produzent werden und später zu MTV oder wenigstens Viva. Darum hatte er nach der Handelsschule den Job beim Atelier Hirtler angenommen, einem angesagten Fotostudio. Der Chef, Cedric Hirtler, trug eine Hublot Big Bang und fuhr einen lindgrünen 57er Ford Thunderbird. Hirtler verkehrte nur mit wichtigen Menschen – Models, Sportler, Journalisten. Damir hatte irgendwie gehofft, dass er durch ihn an die richtigen Leute herankommen würde. Kunden aus der Werbebranche und so.

Er war dann hauptsächlich mit Fahrradkurieren in Kontakt gekommen, denen er Diapositive, Vergrößerungen und sonstiges Fotogeschmäus übergab, das er zuvor selbst verpackt hatte; mit der portugiesischen Putzfrau, die kein Wort Deutsch sprach und der er am Samstagabend das Geschäft aufschließen musste; und mit der fetten Kioskverkäuferin, bei der er für den Chef jeden Morgen Zigaretten kaufte. Muratti Extra, Schwuchtelmarke. Ach ja, zum Experten für die Bedienung und Wartung der Kaffeemaschine hatte er es auch gebracht. Hirtler soff Minimum fünf Latte macchiatos am Tag. Bei guter Laune hatte er ihm jeweils zugezwinkert und gesagt: «Mach dir ruhig auch einen. Kaffee dürft ihr ja trinken, hat keinen Alkohol drin.»

Nach dem 11. September hatte Hirtler seine Humorpalette mit Witzen über Piloten, Teppichmesser und Jungfrauen erweitert. Eines Tages war Damir einfach zur Tür hinausgegangen. Mitten in einem Monolog über Belichtungszeiten,

Brennweiten und Tiefenschärfen. Oder hieß es Schärfentiefe? Wen kümmerte es.

Das war nun fast zwei Monate her. Am Anfang hatte er eine geile Zeit. Es war ungewöhnlich warm, und er chillte jeden Tag mit Kollegen am See. Nun aber musste er sich langsam nach einer neuen Arbeit umschauen. Sonst wurde seine Mutter kribbelig. Oder sollte er es an der Kunstschule versuchen? Es gab dort Filmkurse, und die Lehrer waren angeblich easy drauf. Wenn nur die Aufnahmeprüfung nicht gewesen wäre. Auf Prüfungen büffeln, mit diesem Kapitel hatte Damir abgeschlossen, auch wenn er ein guter Schüler gewesen war. Nicht umsonst nannten ihn die Kollegen *profesor*.

*«YEAH, ICH SPUCKE BLUT, WEIL ICH OPFER WIE DICH BEISSE. ICH TUE VIEL FÜR MEINE UMWELT, WEIL ICH FÜTTER EUCH MIT SCHEISSE …»*

Er schnippte den kalten Joint auf die Straße und ging ins Haus zurück. Dafür hätte er nicht aufzustehen brauchen: ein Versandkatalog mit Kleidern für ältere Frauen (seine Mutter war schon über vierzig), eine Stromrechnung und ein von Hand beschrifteter Umschlag «für Frau Azra Šefkovic», seine Mutter. Gedankenverloren öffnete er den Brief, während er zur Wohnung hochging. Warum er das tat, konnte er später nicht mehr sagen. Vielleicht damit seine morgendliche Exkursion nicht ganz umsonst gewesen war. Als er endlich begriff, worum es in dem Brief ging, setzte er sich auf die Treppe. Seine Schläfen pochten, seine Hände zitterten. Er stand auf, ging ein paar Stufen hinunter, blieb stehen, setzte sich, stand wieder auf. Dann taumelte er die Treppe hoch, rannte in sein Zimmer, warf sich aufs Bett und weinte.

# 3

«Die geile Headline in *Print* gesehen?», fragte Doppelhuber und zog entspannt den Rotz hoch. Das hatte er schon in der Schule gemacht. Schon damals hatte sich der Freund darüber geärgert.

«Kauf dir ein Taschentuch. Es gibt wunderschöne aus Seide, mit Monogramm drauf.»

Doppelhuber ignorierte die Bemerkung und tätschelte sein fleischiges Kinn. «*Print* schreibt: ‹Schwarze Trüffel haben ein Sexleben.› – Unfassbar!»

«Gratiszeitunglesen bildet.»

«Trüffel sollte man sein.»

«So schlimm?»

«Die pure Verzweiflung. Ich starre schon Schaufensterpuppen auf den Arsch.»

«Solange sie volljährig sind.»

«Du meinst, im Gegensatz zu Karina?»

«Können wir vielleicht mal über mein Rendezvous mit T. reden?»

Doppelhuber wurde sofort ernst und machte eine Handbewegung wie ein Talkmaster, der seinem Gast das Wort erteilt. Das schätzte er so an ihm, wobei «schätzen» natürlich ein blödes Wort war (klang nach Laudatio auf den verdienten Kassier eines Kegelklubs). Er liebte Doppelhuber! Er liebte ihn über alles! Dafür dass er immer, immer da war, wenn man einen Freund brauchte. Für seinen respektlosen, aber nie verletzenden Humor, mit dem er einen selbst in Zeiten, in denen man nichts zu lachen hatte, zum Lachen brachte. Für seinen

Scharfsinn; die hundert Kilo Unbeeindruckbarkeit, an denen jeder Versuch zerschellte, ihm Tand, auch geistigen, anzudrehen. Vermutlich war es diese Eigenschaft, die ihn zum erfolgreichen Geschäftsmann machte. Nebst der Tatsache natürlich, dass er häufig unterschätzt wurde – das Dreifachkinn, die Hawaiihemden, die debile Kochtopffrisur.

Doppelhuber hatte an der HSG Ökonomie studiert, aber nach drei Semestern abgebrochen. Bis heute weigerte er sich, über die Gründe zu reden. Seine Schwester behauptete, er habe das gesamte Studiengeld für eine unglückliche Liebschaft mit einer Weißrussin aufgebraucht und sei daraufhin zu stolz gewesen, die Eltern anzupumpen. Er begann, irgendwelchen Elektroschrott nach Osteuropa zu verschachern. Doppelhuber sprach Russisch und leidlich Polnisch, aber nur rudimentär Englisch (was ihn nicht daran hinderte, ständig Anglizismen zu verwenden) und ungefähr drei Wörter Französisch – *chérie, chat, pain au chocolat*. Mittlerweile besaß er eine kleine florierende Import-Export-Firma, die Go East hieß oder, wenn es die Umstände erforderten, Держи на восток. «Im Osten», pflegte er zu referieren, «verstehen die Leute den Kapitalismus besser. Sie konnten ihn lange genug von außen betrachten. Die Gesellschaften dort sind nicht so risikogehemmt. Weniger unter der Fuchtel von Sozialdemokraten und Maltherapeuten.»

Doppelhuber bestellte eine Stange, die dritte oder vierte, und fragte: «Hast du unterschrieben?»

«Klar habe ich unterschrieben.»

«Gar nichts war klar, als wir das letzte Mal darüber gesprochen haben.»

Ja, ja. Das geringe Harmoniebedürfnis und die Unlust, Gefälligkeitsgutachten auszustellen – auch das waren Eigenschaften, die er sehr an seinem Freund schätzte. Er maulte etwas zurück, doch die hübsche Thailänderin, die an ihrem Tisch vorbeiging, nahm Doppelhubers volle Aufmerksamkeit in Anspruch.

«Interessant», sagte er scheinheilig, während er der Frau mit großen Augen nachblickte. «Selbst in Stöckelschuhen haben Asiatinnen immer diesen schlurfenden, leicht nach hinten geneigten Gang. Als säßen sie auf einer Harley.»

«Denk nicht mal dran. Das Mädchen ist mindestens einen Meter kleiner und neunzig Kilogramm leichter als du.»

«*Well done!*»

«Hast du Appetit auf einen Hamburger?»

«Wirklich: Ich find's gut, dass du unterschrieben hast.»

«So hat es sich heute beim Aufwachen nicht angefühlt.» Er schilderte den in seinen Augen befremdlichen Verlauf des gestrigen Abends. Die 35 Minuten Verspätung, für die sich T. nicht mal entschuldigt hatte. Der zum Herrischen neigende Ton, der sich so sehr von den charmanten E-Mails und dem fast kindlichen Überschwang am Telefon unterschied. Das Herumreiten auf dem Irakthema, zu dem ihm selbst nicht viel eingefallen war. Er fand es einfach idiotisch, wie seit Wochen militärisch ungeschulte, geostrategisch unbewanderte, kein Arabisch sprechende, nicht über Geheimdienstmaterial verfügende Nahost-Nichtexperten aus einem nicht involvierten Kleinstaat mit distanzloser Inbrunst Secondhand-Argumente abfeuerten, als seien sie George W. Bushs persönliche Berater.

«Und irgendwann bestellte er völlig aus dem Zusammenhang gerissen einen astralteuren Rotwein.»

«Welchen?»

«Warte, ich hab's mir notiert.»

«Wie kannst du wissen, dass der Wein teuer war, wenn du nicht mal den Namen kennst?»

«Watergate? Bob Woodward? Investigativer Journalismus?» Er senkte die Stimme und hauchte: «Google Search – *Deep Throat* des einundzwanzigsten Jahrhunderts.»

«Den Namen der Flasche, bitte.»

«Tenuta San Guid…»

«… Sassicaia! Sassicaia! Jahrgang?»

«1997?»

Doppelhuber winselte wohlig. «Ich wusste zwar, dass du keine Pfeife bist. Aber dass man zu deinen Ehren einen Siebenundneunziger Sassicaia springenlässt!» Er fuchtelte in Ali-G-Manier mit den Händen: *«Respek, man.»*

«Er hat anderthalb Gläser in groteskem Tempo hinuntergespült. Dann ist er heimgegangen.»

«Es müssen sich nicht alle im Zeitlupenmodus durchs Leben bewegen, so wie die Bedienung in der Roten Fabrik.»

«Er will in der nächsten Ausgabe einen Leitartikel zur Rechtfertigung der Invasion schreiben.»

«Wunderbar!»

«Willst du bei den Marines anheuern? Als Spionage-Walross?»

«Wie viele europäische Zeitungen kennst du, die für einen Einmarsch der Amerikaner sind?»

«Abgesehen von *Soldier Magazine* und *Yeni Özgür Politika*? Circa null.»

«Richtig gezählt.» Doppelhuber legte eine Kunstpause ein. «Dank dir hatte ich die Gelegenheit, ziemlich viele Journalisten kennenzulernen. Auch wenn ein paar ausgereifte Arschlöcher darunter waren: Die meisten fand ich ganz nett.»

«Aber?»

«Das Problem ist, dass alle dieselbe Musik hören, dasselbe anziehen, an dieselben Orte gehen, dieselbe Meinung haben und in demselben käsig-farblosen Stil schreiben. Langeweile! Tödlicher für deinen Berufsstand als jede Netzzeitung und jeder Anzeigenboykott. Als einfacher Leser sage ich: Dein neuer Chef ist selten langweilig. Noch ein Bier?»

«Danke. Ich will später zu Karina, und sie mag es nicht, wenn ich mit einer Fahne auftauche.»

«Was kommt als Nächstes? Getunter VW Golf, weiße Lederslipper und einen Rosenkranz ums Handgelenk?»

«Ich muss Karina unbedingt fragen, was ‹Halt's Maul› auf Mazedonisch heißt.»

«Ich tippe auf *moltschi*.»

«Ich muss Karina unbedingt fragen, was ‹Klugscheißer› auf Mazedonisch heißt.»

Doppelhuber lachte sein asthmatisches Lachen, ging aber nicht weiter auf die Bemerkung ein. «Vertrau deinem Instinkt. Wenn es nicht um Frauen geht, ist der durchaus intakt. Interessanter Typ, interessante Zeitung, richtige Entscheidung. Ich habe fertig.»

«Stimmt schon. Wenn man seinen Endlos-Refrain zum Irak ausblendet, dann war der Abend mit ihm wie eine BBC-Doku. Unterhaltsam, lehrreich, witzig – und du sitzt die ganze Zeit schweigend da und knabberst Erdnüsse. Was der alles weiß, wen der alles kennt!» Er zog ein strenges Gesicht und imitierte T.s, wie er fand, ediktartigen Duktus: «Robert Kagan, *Macht und Ohnmacht*: erstklassiges Buch. Bill Kristol im neuen *Weekly Standard*: So schreibt man Essays. Karl Rove als Marketingleiter unseres Verlags: Was das für Auflagenzahlen gäbe! – Mal ehrlich, sagen dir die Namen was? Karl Rove, ist das der Stiefbruder von Djamila Rowe?»

Die beiden zahlten und gingen in die windige Nacht hinaus. Doppelhuber mit festem Schritt, er etwas unsicher, obwohl er nur halb so viel getrunken hatte wie sein Freund. Sie verabschiedeten sich mit einer ungelenken Umarmung, was vor allem daran lag, dass er den Kopf leicht abwandte, um Doppelhubers scharfem Atem zu entgehen, aber auch daran, dass ihm das Umarmen, geschweige denn Küssen männlicher Freunde unangenehm war. In seinen Augen hatte der Vorgang etwas Theatralisches, Ostentatives. Junge Männer aus triebbereinigten Mittelschichtsfamilien inszenierten Unverkrampftheit und mediterranen Überschwang.

Guter Abend, dachte er, als er sich auf sein klobiges Mountainbike schwang (Rennräder waren etwas für stilüberfixierte Freitagtaschenträger), um über diesen verdammten Hügel in dieses verdammte Außenviertel zu gelangen, wo Karinas Siebziger-Jahre-Appartement mit Tito-Flair lag, in dem es, so Karinas unilateraler Beschluss, jede zweite gemeinsame Nacht zu verbringen galt, streng alternierend, selbst dann, wenn man in einem Kino saß, das ungefähr dreißig Zentimeter von der eigenen wunderschönen Altbauwohnung entfernt war, und es draußen Blitz und Donner hagelte. Auch der Postfeminismus hatte seine dunklen Seiten. Eines Tages würde sich eine Historikerkommission damit befassen.

Ein richtig guter Abend. Wenn man ausblendete, dass ausgerechnet der Punkt, über den er am dringendsten mit Doppelhuber hatte reden wollen, nicht zur Sprache gekommen war. «Nicht zur Sprache gekommen» – was für ein erbärmlicher Vertuschungsversuch! *Er* hatte nicht darüber geredet. Konnte nicht, traute sich nicht. So genau wusste er es selbst nicht. Ein Verteidiger hätte vielleicht eingeworfen, dass er sich zuerst seinen eigenen Reim auf T.s ominöse Bemerkung machen musste, bevor das Einholen einer Zweitmeinung einen Sinn hatte. Umso mehr, als die Bemerkung für einen integren Journalisten und arglosen Zeitgenossen, wie es der Angeklagte zweifellos war, derart abwegig, derart hirnverbrannt klingen musste, dass nichts näherlag als anzunehmen, man habe etwas falsch verstanden.

Staatsanwalt: Ist es nicht vielmehr so, dass es Ihnen ganz einfach peinlich war, mit Ihrem treuen Freund darüber zu reden, weil Sie genau wussten, wie dieser reagieren würde, und weil Ihre Komplizenschaft mit T. bereits zu diesem frühen Zeitpunkt so weit fortgeschritten war, dass Sie die Öffentlichkeit auf keinen Fall über seine wahren Absichten in Kenntnis setzen wollten?

«Gemeinsam können wir dieses Land verändern», hatte T. beim Abschied feierlich erklärt.

Das Land verändern. War er Landschaftsgärtner? Tunnelbauer? Parteipräsident? Scientologe? Nein, bloß ein Journalist, der die Welt verstehen und in Worte fassen wollte. Das Land verändern? Keine Lust, hatte er gedacht, aber nichts gesagt.

Offensichtlich ein Naturgesetz: Wann immer er zu Karina hinauspedalte, begann es zu regnen, so dass er nicht nur außer Atem, sondern auch mit feuchten Kleidern in Klein-Titograd ankam. Als er den Schlüssel zu ihrer Wohnungstür drehte, registrierte er leise enttäuscht, dass die Tür unverschlossen, Karina somit bereits daheim war. Lieber hätte er in Ruhe geduscht, sich auf die Couch gelegt und ein wenig Eurosport geschaut (ein Monstertruck-Rennen oder die Darts-Weltmeisterschaften), beim gleichzeitigen Versuch, auf seinem Nokia 7650 den Snake-Rekord zu brechen. Kurz: Er verspürte das Bedürfnis, seinen inneren Joint anzuzünden, um die beiden letzten Abende zu verarbeiten. Leider schien der Girlie-Geburtstagsumtrunk bei Zvetlana (22) respektive «Zveti», wie sie von ihren Freunden, folglich auch von ihm, genannt werden wollte, bereits vorbei zu sein.

Als er das Wohnzimmer betrat, saß Karina nur mit dem Nötigsten bekleidet auf ihrem Lieblingssessel, die Beine angewinkelt, so dass der bezauberndste Arsch der Stadt links und rechts hervorlugte wie bei einer partiellen Mondfinsternis. Sie hob zwei Gläser Sekt in die Höhe und strahlte: «*Zlato moe*, lass uns anstoßen. Du hast es verdient!»

# 4

Gegen fünfzig Personen drängten sich ins Sitzungszimmer, ein neonbeleuchteter Raum im Untergeschoss des sechsstöckigen Pressehauses. Bevor T. Chefredaktor geworden war, hatte die Redaktionskonferenz der wichtigsten Wochenzeitung des Landes im Bankettsaal eines gehobenen Italieners stattgefunden und plus/minus um 10.30 Uhr begonnen. Der neue Ort (intern Führerbunker genannt) war eine Sparmaßnahme; der neue Termin (Punkt 9 Uhr) ein Kompromiss zwischen den Bedürfnissen der Journalisten – mehrheitlich Intellektuelle mittleren Alters mit einem Hochschulabschluss geisteswissenschaftlicher Richtung – und dem Tatendrang ihres neuen Chefs, der zwar ebenfalls über ein Unidiplom verfügte, jedoch nur in Jurisprudenz, was den Kollegen als Erklärung für sein pathologisches Frühaufstehertum diente.

Nun war er also hier. Von der Sekretärin zuvorderst plaziert, links neben dem Stuhl, auf den T. sich gleich setzen würde. Dafür dass sich so viele Leute im Raum befanden, war es eigenartig ruhig. Er beobachtete die neuen Kollegen beim Beobachten des neuen Kollegen. Einige schauten freundlich, andere betont desinteressiert. Zwei, drei Ältere schnitten ein Gesicht, als seien sie soeben schwer beleidigt worden. Den Literaturchef und einen Wirtschaftskolumnisten kannte er aus dem Fernsehen. Von nahezu allen anderen waren ihm nur die Namen geläufig. Journalismus war ein undankbarer Beruf: Man exponierte sich, und blieb dennoch unsichtbar. Manche Kollegen schienen unter der Diskrepanz zu leiden.

Die letzten drei Wochen hatte er an einem Strand in Südthailand gelegen. Vier-Sterne-Resort, die teuersten Ferien seines Lebens, Karinas Wahl. Immerhin war er zum Lesen gekommen. Zuerst Robert Kagan, dann die Biographie von Karl Rove, für die gute Laune einen Arjouni, später ein endloses Sachbuch mit dem Titel *Das Ende des Rassismus*. Die These des Buchs, dass Schwarze und andere Minoritäten nicht a priori Opfer seien, hatte er erfrischend gefunden. Das Ku-Klux-Klan-artige Geschwätz von der Überlegenheit des weißen Mannes weniger. Dagegen hätte nicht mal Arjounis Gesamtwerk launetechnisch etwas ausrichten können. T. hatte ihm die Lektüre empfohlen, und er war versucht gewesen, mit einer SMS zu danken: «Eigenwilliges Werk, Gruß vom Strandneger.» Karina hatte es ihm ausgeredet. «Streiten könnt ihr noch genug, wenn du angefangen hast.»

Um 9.03 Uhr ging die Tür auf. Im Sitzungszimmer wurde es noch ruhiger. T. schritt nach vorne, zog im Gehen den zwiebelgroßen Krawattenknopf fest und brummte etwas, das nach «Bin aufgehalten worden» klang. Einen Moment lang schien er sich innerlich zu schütteln. Dann setzte er ein Strahlen auf, als sei er die Reinkarnation von Sammy Davis jr. Die Ode an das neue Mitglied der Redaktionsleitung war nahezu identisch mit dem Komplimenteschwall, den T. vor einigen Wochen am Telefon losgelassen hatte. Nach jedem Superlativ blickte die Sauertopffraktion noch mürrischer, während andere zum ersten Mal an diesem Tag richtig wach zu werden schienen. Alles in allem eine effektvolle Begrüßung.

In Gedanken ging er seine eigene Antrittsrede durch – ein austariertes Konstrukt, das der ehrfurchtgebietenden Geschichte des Blatts die Reverenz erwies und ein paar demütig-ironische Bemerkungen über sein für diese Position zartes

Alter enthielt, nicht aber ohne *en passant* den mit Bestnote erworbenen Magister in Soziologie und Politischer Wissenschaft der Universität Bielefeld zu erwähnen (Abschlüsse von ausländischen Hochschulen machten immer Eindruck).

«... wünsche ich im Namen der ganzen Redaktion einen guten Start. – So, und was machen wir in der nächsten Ausgabe zu Väterchen Saddam?»

Aha, keine Antrittsrede. Stattdessen hätte er sich lieber ein paar Artikelideen zum Irak notiert.

«Vielleicht müsste zuerst darüber diskutiert werden, ob wir unseren Ruf als führendes Kriegsgurgelblatt Europas weiter festigen wollen.» Einer der Sauertöpfe.

«Das Einzige, das hier gefestigt werden soll, ist der Ruf dieser Zeitung für gute Geschichten. Du bist herzlich eingeladen, einen Beitrag zu leisten. Zum Beispiel mit einem interessanten Vorschlag, so alle zwei Monate.» T. hob irgendein ausländisches Magazin in die Höhe und säuselte: «Ich habe mir erlaubt, ein Stück von John le Carré einzukaufen. Eine brillante Abrechnung mit der Kriegspolitik der Bush-Administration, Titel: *Mir wird schlecht*. Jemand etwas dagegen, wenn wir den Beitrag auf der Front bringen?»

T. gegen Sauertopf: sieben zu null. Doppelhuber hatte recht. Dieser Mann war eine Partybombe. Man wusste nie, was drin war, und dann: kawumm.

Mit Ausnahme von Doppelhuber und Karina hatte sein Bekanntenkreis eher schmallippig auf die neue Anstellung reagiert. Als hätte er angekündigt, nicht mehr zu duschen oder mariniertes Hundefleisch aus China zu importieren. Am unangenehmsten war die Begegnung mit Heidi gewesen, einer ehemaligen Klassenkameradin. Er hatte sich in der S-Bahn neben sie gesetzt und sie nicht wiedererkannt. Als er merkte, dass ihn die mittelalte Frau erwartungsvoll ansah, drehte er den Kopf und blickte erwartungsvoll zurück. Sie: «4 b!» Er: «Möchten Sie Schiffeversenken spielen?»

Irgendwann kamen sie in Ermangelung anderer Themen aufs Berufliche zu sprechen (sie war wissenschaftliche Mitarbeiterin am Ethnologischen Seminar). Wider besseres Wissen erzählte er ihr, dass er demnächst bei der wichtigsten Wochenzeitung des Landes anfangen würde. Heidi sah ihn traurig an und sagte: «Du hast dich verändert.» Er: «Du nicht.» Die Wangen gerötet, die Stimme leicht bebend, antwortete sie: «Das sind gefährliche Leute, mit denen du dich einlässt.»

Seht her, ihr Heidis dieser Erde! Ich arbeite bei einem Blatt, das John le Carré auf der Frontseite bringt! Wo ist das Problem? Sein eigener Vorschlag, ein Porträt von Bushido zu machen (einem durchgeknallten Rapper, der derzeit Deutschland verschreckte), trug ihm zwar die verächtlichen Blicke einiger Kollegen ein, sorgte aber bei T. für uneingeschränkte Begeisterung. Einstand gelungen. Er verließ den Führerbunker in bester Stimmung.

Als er den Korridor hinunterging, sah er den Wirtschaftskolumnisten vor dem Lift stehen, bis auf den Chefredaktor einer der wenigen, die hier Krawatte trugen. Er nahm sich vor, eine freundliche Bemerkung zur letzten Kolumne zu machen, einem monumental öden Stück über die Zukunft der NAFTA, wenigstens halbwegs lesbar geschrieben (5000 Zeichen, mehr als drei Verben, keine groben Stilblüten). Als der Wirtschaftskolumnist ihn erblickte, drehte er sich weg und nahm die Treppe. Dafür klopfte ihm der Literaturchef strahlend auf die Schulter, als seien sie alte Freunde. «Alexander Reding, Kultur.» Obwohl sich 98 Prozent der Journalisten auf Anhieb duzten, stellten sich die meisten mit vollständigem Namen vor. Vermutlich, weil sie hofften, dass das Gegenüber mit «Schon viel von dir gelesen» oder «Der Name ist mir ein Begriff» reagierte. Umgekehrt war ein «Auch schon gehört» oder «Sagt mir im Moment nichts» ein Tritt ans Schienbein, der immer weh tat.

«Schön, meinen Lieblingsrezensenten kennenzulernen», lächelte er zurück.

Der Literaturchef quittierte das Kompliment mit einem knappen Nicken, als habe er nichts anderes erwartet. Dann strahlte er weiter und sagte: «Ich wusste gar nicht, dass du dich mit Teenagermusik auskennst. Dachte immer, Mode sei dein Fachgebiet.»

Er war nicht aufs Maul gefallen, und fünf Jahre Deutschland hatten ihn gelehrt, sich im Berufsleben nicht von Gorillagehabe einschüchtern zu lassen. Aber die Bemerkung erwischte ihn auf dem falschen Fuß. Zum einen, weil das für eine Frauenzeitschrift geführte Interview mit John Galliano, auf das der Literaturchef anspielte, das erste und einzige Mal gewesen war, dass er etwas zum Thema Mode gemacht hatte. Zum anderen, weil sein Kompliment ehrlich gemeint war und er fest damit gerechnet hatte, dass sich der Kollege darüber freuen würde. Dass jemand Lob als Signal von Schwäche deutete, als Einladung, über den Lobenden herzuziehen, dieser Form des verbalen Aikido war er noch nicht begegnet. Bevor er etwas erwidern konnte, hatte sich auch der Literaturchef Richtung Treppenhaus davongemacht.

Er war froh, als die sexy Chefsekretärin auftauchte und ihn zu seinem Arbeitsplatz in der zweitobersten Etage des Pressehauses führte. Dieser lag – *Fhrngsvrntwrtng* sei Dank – in einer ruhigen, durch Bücherregale abgeschirmten Ecke des Großraumbüros. Hundehaufen, Synchronschwimmen und Großraumbüros: So nämlich lautete seine persönliche Dreifaltigkeit des Schreckens. Erst jetzt fiel ihm auf, dass bei der wichtigsten Wochenzeitung des Landes fast keine Frauen arbeiteten. Die mädchenhaften Kolleginnen an der Konferenz hatten unverkennbar nach Graphik ausgesehen (Pagenschnitt, Jeansrock und Adidas-Turnschuhe). Beim Gang durch die Redaktion war er zudem zwei Journalistinnen gesetzten Alters sowie einem schweigsamen Wesen Anfang dreißig vorgestellt worden. Der Rest: Männer und Herren.

Die drei Journalistinnen, so stellte sich heraus, würden faktisch ihm unterstellt sein. Ein Gedanke, an den er sich gewöhnen musste. Das schweigsame Wesen arbeitete im Ressort Wissenschaft und zählte zum Mäuschentyp: schmales Gesicht, ausdruckslose Augen, die physische Präsenz eines Flaschengeistes und ein IQ von mindestens 150. Diese Art Frauen, die im Pausenraum lautlos ihren Salat vertilgten, niemals sagten, was sie dachten, dafür ihre Umwelt in ständiger Alarmbereitschaft observierten, schüchterten ihn ein. Auch wusste er nie, worüber er sich mit ihnen unterhalten sollte. Vielleicht könnte er es mal mit seinem Fachgebiet versuchen: Arminia Bielefeld.

T. war längst zur nächsten Sitzung davongeeilt. Auch in den folgenden Tagen bekam er ihn kaum zu Gesicht. Die Chefsekretärin blieb vage – Treffen mit Werbekunden, Personalgespräche, «private Termine», ein Abstecher in die Hauptstadt. Er selbst hatte eine lockere erste Woche. Er war für die Bereiche Gesellschaft, Wissen, Sport und Reisen verantwortlich. Also für alles, was nichts mit Politik oder Wirtschaft zu tun hatte. (Alles minus Kultur, um genau zu sein. Diese bildete eine Art autonome Republik und entzog sich seiner Jurisdiktion.) Die Redaktoren – *seine* Redaktoren! – hatten vorgearbeitet: Nahezu alle Artikel für die beiden nächsten Ausgaben lagen bereit.

Allerdings wäre ihm etwas weniger Fleiß und mehr Esprit lieber gewesen. Unter den Manuskripten befanden sich ein paar deftige Abtörner. Zum Beispiel eine 18 000-Zeichen-Schwarte über Lissabons ältestes Fado-Lokal. Klischierte Chaiselongue-Prosa über «verwinkelte Gässchen», «wettergegerbte Gesichter» und den «salzigen Geschmack des Meeres», angereichert mit kursiv gesetzten Bibü-Schmankerln à la *Phrygischer Modus* oder *saudade*, die den Verfasser als feuilletontauglichen Weltenbürger kennzeichnen sollten. 18 K über Fado in Lissabon! Das wäre selbst für Gay Talese oder Marie-Luise Scherer eine Knacknuss geworden.

Auch ziemlich schlimm: ein Porträt von Alex Ferguson, dem chronisch erfolgreichen Fußballtrainer von Manchester United. Seine Angewohnheit, unablässig Kaugummi zu kauen, kam in dem Text etwa viermal vor. Und natürlich wurde dieser Kaugummi «bearbeitet» oder gar «traktiert». Er wusste nicht, wie viele Dutzend Male er das schon gelesen hatte. Gab es eine Weisung der Uefa an die Sportjournalisten, dass jeder Artikel über Alex Ferguson mindestens einen traktierten Kaugummi zu enthalten hatte?

Am liebsten hätte er den faden Fado aus dem Blatt gekippt und den Fußballtrainer von A bis Z umgeschrieben. Aber wahrscheinlich wäre das ein zu heftiger Einstieg gewesen. Allerdings würde er nicht darum herumkommen, die beiden Kollegen – einen altgedienten freien Mitarbeiter und den Sportredaktor – mit seiner Kritik zu konfrontieren. Zuerst aber wollte er sich um das Bushido-Porträt kümmern. Die Kritik konnte bis morgen warten.

# 5

Irgendwann schlief er ein. Erschöpft vom vielen Weinen; vielleicht aber auch, weil das selbstgezüchtete Indoor-Gras stärker war als die Industrieware, die er sonst rauchte.

Es war ein warmer Frühlingstag, und er streifte durch eine blühende Wiese. Ein Bach plätscherte. Vögel zwitscherten. Von einem Hügel herab glitzerte es verheißungsvoll. Ein Kutscher knallte mit der Peitsche. Er war glücklich und rannte auf den Hügel zu. Dieses Glitzern ... Auf einmal verschlug es ihm den Atem. Sein Herz raste. Er drehte sich nach seinem Vater um. *Babo, babo, babo!* Doch sein Vater hörte ihn nicht. *Babo, babo*, sie kommen! Was er im Sonnenlicht glitzern sah, waren Panzer.

Damir schreckte hoch. Er hatte diesen Traum zum ersten Mal mit zehn oder elf gehabt, kurz nachdem sie aus Bosnien geflüchtet waren. Er hasste den Traum. Nicht so sehr wegen der Panzer der Tschetniks. Sondern weil ihn der Scheißtraum an seinen Vater erinnerte. Seit dieser von zu Hause weggezogen war – eine Woche vor Damirs achtzehntem Geburtstag –, hatten sie nur noch einmal miteinander geredet. Der Vater lebte jetzt mit einer anderen zusammen. Jedes Mal, wenn Damir daran dachte, wurde ihm halb schlecht.

Er blickte auf den Radiowecker. Er hatte seine Verabredung mit Henri verpennt. Der wollte ihm «eine Schippischnecke» vorstellen. Das Mädchen passe perfekt zu ihm, hatte Henri auffällig genüsslich betont. Damir hatte ihm den Gefallen getan und gefragt, wieso. Henri hatte wie ein Klavier gegrinst: «Sie ist klein, fett und Jungfrau. Genau wie du.» Damir war einen Meter neunundsiebzig groß und sechsundsiebzig Kilo schwer. Aber gut, verglichen mit der afrikanischen Giraffe …

Wieso lag er daheim im Bett, anstatt mit seinem besten Kolleg am See abzuhängen? Allmählich wurde er wach. Der Brief. Der perverse Brief dieser Ärztin. Damir hatte die Frau nur ein- oder zweimal gesehen und auf Anhieb nicht gemocht. Seine Mutter putzte die Praxisgemeinschaft, in der die Ärztin arbeitete. Die beiden hatten sich angefreundet. Behauptete Mutter. Er fand, dass die Frau etwas Aufdringliches, Überfreundliches hatte. Wie der Imam der Moschee im Quartier, in der er ein einziges Mal gewesen war. Zum Freitagsgebet mit seinem Cousin aus Berlin. Der Cousin war drei Jahre älter und nahm diesen Religionsplunder ernst. *Bismillahir rahmanir rahim. Al hamdu lillahi* … Wie der beten konnte! Schneller als eine Kalaschnikow.

Manchmal wünschte sich Damir, er wäre fähig, so an Gott zu glauben wie sein Cousin. Oder wie seine Mutter. Wobei es bei ihr fast zu krass war. Megafromm oder dauerbekifft – wo war der Unterschied? Seit sein Vater zu der Blondine gezogen war, konnte er Religion nicht mehr ernst nehmen. Alles war ein Spiel. Ein verlogenes Spiel. Zudem völlig unlogisch. Wenn Gott die Welt und alle Lebewesen erschaffen hatte, hatte er dann nicht auch das Schwein erschaffen? Wie also konnte dieses Tier unrein sein? Wollte Gott etwa, dass wir Schweine mobbten? Und wenn Gott allmächtig war: Wieso hatte er es zugelassen, dass die Tschetniks sechzigtausend Muslime umbrachten?

Nein, die Ärztin lächelte zu viel. Seine Mutter hatte erzählt, dass sie in einer krassen Loge am Waldrand wohnte. Vier Zimmer für sich allein; kein Mann, keine Kinder. Vielleicht war sie lesbisch? In der Stube hing ein teurer Plasmabildschirm. Überall stand moderne Kunst herum. Ein Teddybär mit Gasmaske, eine doppelköpfige Freiheitsstatue, solches Zeug. Ein Raum war bis zur Decke mit Büchern gefüllt. Obwohl die Ärztin reich war, besaß sie kein Auto, sondern fuhr mit einem selbstbemalten Damenfahrrad durch die Gegend, Hippiekörbchen vornedran.

Damir versuchte, nicht an den Brief zu denken. Er zündete sich den halbgerauchten Joint an und griff nach seinem Handy, einem Nokia 7650 mit eingebauter Kamera. Geiles Teil. Ein Kolleg hatte es ihm im Tausch gegen ein Piece überlassen (schwarzer Afghane). Er wollte sich bei Henri erkundigen, ob der noch immer am See abhing. Er tippte «Yo Thierry!» (nach dem Fußballer Thierry Henry), konnte sich aber nicht aufraffen weiterzuschreiben, weshalb er das Handy neben sich aufs Bett fallen ließ. Er würde später anrufen, vielleicht konnten sie am Abend gemeinsam die neue Shisha-Bar im Industrieviertel austesten.

Zuerst aber wollte er ein wenig relaxen. Irgendwas gab ihm das Gefühl, es verdient zu haben. Außerdem war Samstag. Er wälzte sich zur Seite, bis er am äußersten Rand der Matratze lag. Dann streckte er den Arm so weit es ging Richtung Fernseher, so dass er beinahe vom Bett gefallen wäre. Es gelang ihm, den Einschaltknopf mit den Fingern zu berühren, aber es fehlten ein, zwei Zentimeter, um zudrücken zu können. Schließlich schaffte er es, das Gerät mit der großen Zehe anzustellen.

Auf MTV lief ein Gangsta-Rap-Clip. Zwei Girls mit

Atommelonen standen vor einem Fünfziger-Jahre-Schlitten und ließen im Gleichtakt die Hüften kreisen. Die Kamera zoomte auf ihre Hotpants. Diese waren derart eng, dass man Lippen lesen konnte. (Den Ausdruck hatte er von Henri, und der hatte ihn von seinem älteren Bruder, dem größten Stecher im Quartier). Obwohl er allein im Zimmer war, unterließ er es, genauer hinzusehen. Er war ja kein alter Lustmolch.

Neben dem Fernseher lag ein Stapel Hemden und T-Shirts, die seine Mutter frisch gebügelt hatte. Tränen schossen ihm in die Augen. «Psychologische Hilfe» – «Erfahrung mit Bosnierinnen» – «Beratungsstelle für Vergewaltigungsopfer». Was schrieb die Ärztin da für einen Scheiß? Lass meine Mutter in Ruhe! Verschwinde aus unserem Leben, du Lügnerin! Er hätte Lust gehabt, sein Zimmer zu zertrümmern.

Er nahm ein Red Bull aus dem Kühlschrank, legte sich wieder aufs Bett, setzte die Kopfhörer auf und schob eine Eminem-CD ein. Er dachte an den Tag, an dem er von seinem Vater im Morgengrauen geweckt worden war. Das musste im Mai 1992 gewesen sein. Damir konnte sich Daten sonst nie merken. Aber ein paar Wochen später ging die Fußball-EM los, und seine Mannschaft, Jugoslawien, durfte nicht teilnehmen. «Wo ist Mama?», hatte er seinen Vater gefragt. Dieser sagte nur: «Zieh dich an. Du fährst für ein paar Tage zu *baka*.»

Damir war gerne bei der Großmutter. Sie hatte einen Hühnerstall und zwei Katzen und machte den besten Apfelstrudel der Welt. Am Abend durfte er neben ihr auf dem Sofa sitzen und fernsehen. Doch diesmal war sie nicht so fröhlich wie sonst. Vom Fenster im ersten Stock aus sah er, wie sie weinte, als sie sich von seinem Vater verabschiedete. Der blickte noch finsterer als gewöhnlich. Es sollte Monate dauern, bevor Damir ihn wiedersah – auf der Zugfahrt von Slowenien über Italien nach Chiasso, wo sie einen ganzen Winter im Durchgangszentrum lebten und er vor Langeweile fast abgekratzt wäre.

Mutter kehrte nach einer Woche zurück. Sie habe in Tuzla eine Tante besucht, sagte sie. Er wollte auf sie zugehen, um sich von ihr umarmen zu lassen, wie immer, wenn sie sich eine Zeitlang nicht gesehen hatten. Aber seine Großmutter hielt ihn zurück. «Mama ist müde. Sie muss jetzt schlafen.» Dabei war es mitten am Tag. Auch fand er es merkwürdig, dass sie keinen Koffer mit sich trug, fragte aber nicht nach, weil er mit seiner neuen Konsole weiterspielen wollte. *Dragonball 3*, Goku vs. Piccolo Junior.

# 6

Warum reden? Wem nützte das? Wer wollte so etwas hören? Wurden die Dinge damit ungeschehen gemacht? Der Gedanke daran war sowieso da. Jeden Tag, jede Stunde, jede Minute. Lauerte ihr auf. Schlich ihr nach. Klebte in ihrer Seele. Es gab ein Leben davor und eines danach. Was hatte sie davon, wenn sie nach so langer Zeit darüber sprach? Sie wollte einfach, dass es aufhörte. Die Müdigkeit. Die Magenschmerzen. Die Übelkeit, wenn es nach Bier roch. Die Angst, wenn sie einen fensterlosen Raum betrat. Darum hatte sie sich Frau … hatte sie sich Hanna anvertraut. Sie brauchte die Medikamente. Vor allem jenes gegen die Angst. Sie wollte wieder Lift fahren können. Besonders am Sonntag, wenn die Anwaltskanzlei dran war. «Mach ich Training, ist gesund!», hatte sie beim ersten Mal gesagt, als sie die Treppe zum siebten Stock hochging. Die anderen Putzfrauen hatten sie stumm gemustert. Wahrscheinlich wussten sie es.

Wenn sie es schaffen würde, in einen Lift zu steigen, wäre sie am Abend weniger müde. Wenn sie weniger müde wäre, könnte sie mehr arbeiten. Und sich besser um ihren Sohn kümmern. Er brauchte sie jetzt. Er vermisste seinen Vater. Blieb am Morgen zu lange im Bett. Betete kaum. Rauchte zu viel – bestimmt waren diese selbstgedrehten Zigaretten ungesund. Traf sich ständig mit dem Afrikaner. Waren ihre eigenen Leute nicht gut genug?

Sie war keine gute Ehefrau mehr gewesen. Darum hatte ihr Mann sie verlassen. Aber eine gute Mutter, das wollte sie sein. Auch wenn das nicht einfach war. Nein, nein, sie war dankbar. Das hier war ein gutes Land. Sehr gut! Aber es gab viele Probleme. Man musste sich anpassen. Hochdeutsch, Dialekt: Was sollte sie lernen? Die Jungen: Tranken Alkohol, nahmen Drogen. Mädchen: Kleideten sich wie Dirnen. Religion: Sogar über ihren eigenen Gott machten die Leute hier Witze.

Einmal war sie mit Damir im Schwimmbad gewesen. Sie verstand: Er *muss* ins Schwimmbad. Alle gehen ins Schwimmbad! Darum ging sie mit. Es war mitten im Ramadan. Männer, Frauen, alle zusammen, alle halbnackt. Allah sagt: Auch das Auge muss fasten im Ramadan. Also blieb sie auf ihrem Strandtuch sitzen und hielt die Augen geschlossen.

Sie wollte eine gute Mutter sein. Das war jetzt ihr Land. Gutes Land! Man musste sich anpassen.

Der 29. Mai 1992 war ein Freitag gewesen. Es war zu kühl für die Jahreszeit, die Wetterfee im Fernsehen sprach von einem kräftigen Adriatief. Ihr Mann war mit Damir beim Abendgebet, als es an der Tür klopfte. Draußen stand Branko, der Geographielehrer, der auch ihre Nichte unterrichtete. Sie war überrascht, ihn zu sehen, dachte sich aber nichts weiter dabei. Der Geographielehrer kam manchmal in die Bäckerei, in der sie an zwei Nachmittagen aushalf. Er kaufte immer ein Pfund Weißbrot und zwei Cremeschnitten. Sie tauschten ein paar Worte; meist lobte er die Nichte für ihren Fleiß und ihr gutes Benehmen.

Branko war ein schüchterner, kultivierter Mann. Er trug italienische Schuhe und Krawatte. Sie bat ihn einzutreten, sagte, dass sie frischen Kaffee gekocht habe. Er schüttelte versonnen den Kopf und forderte sie auf, den Mantel anzuziehen. Die militärische Lage in der Umgebung habe sich zugespitzt. Zu ihrem eigenen Schutz sei es besser, wenn sie die Nacht gemeinsam mit anderen Frauen in der Mehrzweckhalle verbringe. Und was war mit ihrem Mann und ihrem Sohn? «Keine Sorge», lächelte Branko. «Die beiden bleiben in der Moschee. Dort sind sie sicher.»

Sie holte den schönen Seidenschal aus dem Schrank – wer wusste, ob es in der Mehrzweckhalle Decken gab? –, schlüpfte in den Mantel und ging mit.

Warum nur war sie mitgegangen? Wie hatte sie so leichtfertig sein können? Auch ihr Mann hatte sie das viele Male gefragt.

Es nieselte, die Straßen waren leer. Sie gingen schweigend nebeneinander her. Aus dem Wirtshaus beim Busbahnhof drang derbes Gelächter. Die Mehrzweckhalle befand sich auf einer Anhöhe, ein paar hundert Meter hinter dem Busbahnhof. Als sie in den schmalen Fußweg einbogen, ließ Branko ihr den Vortritt. Vor dem schwachbeleuchteten Eingang stand ein Mann im Kampfanzug und rauchte. Der Mann öffnete wortlos die Tür. Sie trat ein und drehte sich nach Branko um. Doch der war verschwunden. Im Korridor roch es muffig. Zögernd ging sie weiter, bis sie zu der Tür gelangte, die in den Hauptsaal mit der Bühne führte. Einmal hatte sie hier eine Tanzaufführung besucht, ein andermal ein Schülerkonzert.

Sie betrat den Saal. Es war düster, so dass sie zunächst kaum etwas erkennen konnte. Im Schein einer Gaslampe saßen zwei Frauen auf dem Boden. Die eine hatte den Kopf an die Schulter der anderen gelegt. Sie schien zu weinen. Die andere strich ihr tröstend über den Arm. Weiter hinten lag eine Frau zusammengekrümmt auf einer Decke. Neben ihr knieten zwei Frauen und tupften ihr mit Taschentüchern die Stirn. Es befanden sich zwanzig, vielleicht fünfundzwanzig Frauen im Saal. Irgendwo stöhnte jemand. Ein Mädchen, sechzehn oder siebzehn Jahre alt, sah zu ihr herüber. War das nicht die Tochter des Schuhmachers? Dann erblickte sie ihre Cousine, die Mutter der fleißigen Schülerin, die bei Branko im Unterricht war. Sie setzte sich zu ihr. «Warum bist du nicht davongelaufen?», fragte die Cousine beinahe wütend.

Kurz vor Mitternacht leuchtete ihr ein Mann mit Soldatenmütze ins Gesicht. Mit einer ungeduldigen Handbewegung forderte er sie auf, sich zu erheben. Sie sagte, dass sie müde sei und sich noch etwas ausruhen wolle. Er schlug ihr sofort die Taschenlampe über den Kopf. Dann zerrte er sie hoch. Die Cousine und ein paar Frauen in der Nähe begannen zu wimmern. Sie gab keinen Laut von sich.

Der Mann brachte sie in eine Abstellkammer hinter der Bühne. Putzzeug stand herum, ein kaputter Bürostuhl und eine Kiste Bier (Jelen Pivo). «Du siehst aus, als ob du etwas Trost gebrauchen könntest», sagte er, während er sich die Hose aufknöpfte. Sein halb erigierter Penis war riesig und hässlich. Sie hatte noch nie einen unbeschnittenen Mann gesehen. Sie zitterte am ganzen Körper. Als er ihr den Rock herunterriss, schaffte sie es endlich, die Augen zu schließen.

In jener Nacht kamen noch zwei weitere Männer in die Abstellkammer. Danach konnte sie zurück in den Saal zu ihrer Cousine. In der zweiten Nacht waren es vier Männer. Ab der dritten Nacht hörte sie auf zu zählen und zu zittern. Immer war es der Mann mit der Soldatenmütze, der sich als Erster an ihr verging. Einer brachte einen Koran in die Kammer mit, riss ein paar Seiten heraus und stopfte sie ihr in den

Anus. Ein anderer nahm ein Bier aus der Kiste, trank es in einem Zug leer und sagte: «Ich hätte es gerne mit dir geteilt. Aber ihr dürft ja nicht.» Dann schändete er sie mit der leeren Flasche.

Warum war sie mit Branko mitgegangen? Warum? Warum? Warum?

Gott der Allmächtige und Allbarmherzige hatte ihre eine schwere Prüfung auferlegt. Sie betete jeden Tag, dass er ihr die Kraft und Ausdauer gab, diese Prüfung zu bestehen. Nicht ihretwegen. Sondern für ihren Sohn.

# 7

«Müssten wir nicht mal was zur Staatsquote machen? Die steigt doch seit Jahren unaufhörlich.» Zur Sicherheit hatte er vor der Redaktionskonferenz die exakte Definition des Begriffs gegoogelt. Von Wirtschaft verstand er ungefähr gleich viel wie der neue Arminia-Trainer von modernem Fußball. Das Thema hatte ihm Doppelhuber bei einem Absacker in der Monza-Bar gesteckt (sein Freund hatte eine Schwäche für zwielichtige Lokale). Er war in einen alkoholinduzierten Schimpfmodus verfallen und bezeichnete den Sozialstaat in einem Zug als «adipöse Seekuh», «Streitmacht auf Eroberungsfeldzug» und «gigantische, von Bürokraten in Gang gehaltene Tinguely-Maschine, die rattert und dampft, als würde sie etwas Sinnvolles herstellen, aber in Wahrheit selbstreferentiellen Humbug absondert».

Zugegeben, Doppelhubers Bildersalat war schwer verdaulich. Dennoch hätte er sich gewünscht, gewisse Redaktionskollegen würden wenigstens mit halb so viel Temperament formulieren. Oder zumindest einsehen, dass es nicht unschicklich war, Sätze zu bilden, die den Leser nicht innerhalb von fünf Sekunden ins Koma katapultierten. Der Fado-Korrespondent hatte bloß «Boulevardisierung» gezischt, als er ihm am Telefon klarzumachen versucht hatte, dass er sich erstens Beiträge wünschte, die nicht aus einer Aneinanderreihung von Beschreibungen und Zitaten bestanden, sondern eine *Geschichte* erzählten; dass zweitens die Themen dieser Beiträge sich von dem abheben durften, was man in

*Merian*, *GEO* und anderen Seniorenmagazinen zu lesen bekam; und dass er drittens Autoren schätzte, die die Welt in eigene Worte fassten, statt den Fundus semipoetischer Klischees leerzuräumen.

Der Sportredaktor hatte auf seine Kritik mit einem müden Schulterzucken reagiert und gemurmelt: «Ist doch morgen schon alles Altpapier.» Als er spätabends wach auf Karinas knochenhartem Futon lag (wieso nicht gleich ein Nagelbrett?), dachte er über den Satz des Sportredaktors nach. Er kam zum Schluss, dass die Bemerkung Schwachsinn war. Sie verriet ein Maß an Leidenschaftslosigkeit dem eigenen Beruf gegenüber, das ihn wütend machte. Sein Anspruch jedenfalls war es, Texte zu schreiben, die die Leute nicht so schnell vergaßen. Texte, die etwas bewirkten. Unikate. Sonst konnte man gleich Gebrauchsanweisungen zusammenstiefeln. Oder sich hinter einen Bankschalter stellen. Dort hatte man wenigstens geregelte Bürozeiten, und der Lohn war auch in Ordnung.

«Genau solche Geschichten brauchten wir!», jubelte T. Zum Wirtschaftskolumnisten gewandt: «Die steigende Staatsquote als Hautkrebs der Privatwirtschaft – das wäre doch ein Thema, bei dem du deinen analytischen Scharfsinn ausspielen könntest.» Der Wirtschaftskolumnist nickte dienstfertig. Sobald T. ihn nicht mehr ansah, drehte er den Kopf ein wenig nach rechts. Sein zorniger Blick besagte: Du kleiner Wichtigtuer, kümmer dich um deine eigenen Angelegenheiten, statt dich beim Chef mit Themen einzuschleimen, die dich nichts angehen und von denen du noch viel weniger verstehst.

Das empörte Gesicht des Kolumnisten erfüllte ihn mit Genugtuung. Da wäre eine gemeinsame Liftfahrt das kleinere Übel gewesen, nicht wahr, du aufgeblasener Krawattenheini? In erster Linie war es ihm aber darum gegangen, mit seinem Vorschlag den Literaturchef zu beeindrucken. Von wegen Experte für Teenagermusik und Modetrends. Doch der Literaturchef lächelte so unergründlich in den Raum, als hinge er in Öl gemalt in einem Rittersaal.

Alles in allem verlief auch die zweite Redaktionskonferenz tipptopp. T. lobte gleich mehrere Geschichten, die er ins Blatt gerückt hatte. Zum Glück auch das Bushidoporträt, obwohl er dafür keinen seiner bevorzugten Autoren hatte gewinnen können. Sein Favorit war neuerdings offenbar so erfolgreich, dass er auf das unanständig hohe Honorar, das er ihm angeboten hatte, verzichten konnte. Nummer zwei lag mit einem Bandscheibenvorfall im Bett, Nummer drei hatte nicht auf seine Anfrage reagiert. Erst bei Nummer vier hatte es geklappt.

Nummer vier war ein passabler, leider übereitler Musikjournalist aus Hamburg. Er hatte ihn mit den Worten geködert: «Wir suchen eine kluge Feder, die uns ein Stück über eines der verstörendsten Phänomene der aktuellen Populärkultur schreibt: Bushido. Auf Anhieb kommt uns nur ein Autor in den Sinn, dem wir es zutrauen, diese anspruchsvolle Aufgabe zu unserer vollumfänglichen Zufriedenheit zu meistern: Sie!» Auch vom Honorar – die Hälfte dessen, was er Nummer eins angeboten hatte – zeigte sich der Musikjournalist angetan. Der Artikel, für den er sich überschwenglich bedankt hatte, fiel den Erwartungen entsprechend aus: weder eine Niete noch eine Offenbarung. Wie Rioja aus dem Coop für 12.90 Franken.

Als er sich nach der Sitzung zum Lift begab, spürte er, wie

jemand zu ihm aufschloss. Er wandte den Kopf, und sah den telegen strahlenden Literaturchef auf sich zueilen. «Wir müssen unbedingt auf deinen Einstand anstoßen. Wie wär's, wenn ich dich heute zum Lunch einlade?»

«Sehr gern!», antwortete er, ebenso erfreut wie überrumpelt.

«Prima», sagte der Literaturchef. «Ich hol dich um halb eins ab.» Dann ging er in Richtung Treppenhaus davon.

Während er auf den Lift wartete, sinnierte er darüber nach, ob es nicht schlauer gewesen wäre zu antworten: «Heute geht leider nicht. Aber morgen könnte klappen.» Die Mäuschenfrau gesellte sich zu ihm und er ließ das Sinnieren bleiben. Er setzte sein charmantestes Lächeln auf: «Hallo!»

Nach gefühlten zehn Sekunden kam ein kaum wahrnehmbares Geräusch zurück, das an das Rauschen eines Transistorradios erinnerte.

Unbeirrt fuhr er fort: «Beruhigend zu wissen, dass hier nicht alle auf Jane Fonda machen!»

Sie blickte ihn misstrauisch an. «Wer ist Jane Fonda?»

Am liebsten hätte er geantwortet: «Eine Art Springseil mit Brüsten.» Die Vernunft obsiegte, und er erklärte ihr, dass Jane Fonda Schauspielerin plus Botschafterin der globalen Fitness-Community war. Mäuschen nahm die prickelnde Info schweigend zur Kenntnis. Als sie im fünften Stock ankamen, huschte es grußlos an sein Plätzchen.

Die Mäuschenfrau wusste nicht, wer Jane Fonda war. Er hatte bis vor einer Stunde nicht genau gewusst, was Staatsquote bedeutete. War das schlimm? Fest stand: Ohne ein Mindestmaß an Allgemeinwissen alias Quizshowtauglichkeit war man in diesem Beruf aufgeschmissen. Umgekehrt waren Alleswisser nicht zwingend die besseren Journalisten. Häufig waren sie bloß Alles*besser*wisser (meist männlichen Geschlechts), die sich berufen fühlten, zu jedem Thema eine Meinung abzusondern. Weltklimakonferenz: «Zu wenig, zu spät» – Verfassungsreform in Italien: «Ein überfälliger Schritt» – Olympia-Debakel: «Das Versagen der Funktionäre» – Mick Jagger: «Nie war er besser». Und all das, ohne rot zu werden!

Meinungsathleten, die pausenlos vor sich hin ratterten wie Telex-Maschinen aus den achtziger Jahren, fand er langweilig. Wenn sie ihre Depeschen mit Adenauerscher Gravitas verbreiteten, lächerlich zudem. Die Texte, die ihn berührten, beschäftigten, sein Verständnis der Dinge mehrten, waren meist von Autoren geschrieben, die sich ihre eigene Unwissenheit eingestanden. Die mit einem staunenden, fast kindlichen Blick die Welt betrachteten und ihr Urteil mit der Demut der Fehlbarkeit fällten.

*Sffflingplaschdidelsplongdidumlanglong.* Ein bizarrer Ton, wie von einer japanischen Toilettenspülung, riss ihn aus seinen Gedanken. Er sah, dass der futuristische Telefonapparat auf seinem Pult blinkte, und nahm den Hörer ab. «Hallo? Haa-llo? Ha-llo-o?» Er legte wieder auf.

Die Mäuschenfrau wusste nicht, wer Jane Fonda war. Er hatte bis vor einer Stunde nicht gewusst, was Staatsquote bedeutete. Welche Bildungslücke wog schwerer? Natürlich seine. Im Journalismus gab es eine unausgesprochene, aber klare Hierarchie: zuoberst Politik und Wirtschaft (die sogenannt relevanten Ressorts), zuunterst Gesellschaft und Sport (die sogenannten Softbereiche), dazwischen Kultur und Wissen sowie, mit Schlagseite gegen unten, die Lokalberichterstattung. Jane Fonda nicht zu kennen war eine lässliche Sünde, Alan Greenspan nicht zu kennen unverzeihlich. John Galliano nicht zu kennen oder keinen Song von Britney Spears nennen zu können, war Ehrensache – ein Zeichen, dass man sich mit den relevanten Dingen befasste.

In Entsprechung dazu gab es eine Hierarchie der Publikationen: Von den Tageszeitungen mit nationaler Verbreitung über die Regionalpresse zu Gratisblättern und Boulevardtiteln. Von den Wochenmagazinen über die Sonntagszeitungen hinab zu den Illustrierten und Frauenzeitschriften. Eine eigene Kategorie bildeten die Onlinemedien, die sich mit der Geschwindigkeit einer nuklearen Detonationswelle ausbreiteten. Die Kollegen von der gedruckten Presse hielten die neue Form der Berichterstattung für einen nicht zu unterbietenden Tiefpunkt. Das null Kelvin des Berufsstands.

Aber erstens war das Selbstwertgefühl von Journalisten nicht sehr stabil, und zweitens waren die Jobs mit dem höchsten Branchenprestige so rar wie frei werdende Genossenschaftshäuschen. Darum konstruierten sich viele Kollegen Parallelhierarchien und maßgefertigte Begründungen, wieso gerade *sie* besonders relevanten, werthaltigen, anspruchsvollen, aufklärerischen, mutigen, originellen, innovativen, coolen, frechen, populären, kurz: gemäß ihrer privaten Kriterien herausragenden Journalismus betrieben.

Weil Wirtschaft offensichtlich wichtiger war als Politik, blickten die Wirtschaftsjournalisten auf die Politjournalisten herab. Die Politjournalisten blickten auf die Wirtschaftsjournalisten herab, weil Letztere kaum Leserbriefe erhielten (dafür umso mehr Gegendarstellungen) und noch schlechter schreiben konnten als sie selbst. Die Feuilletonjournalisten hatten ähnliche Empfindungen für Wirtschafts- und Politjournalisten wie ein Bentley-Besitzer für einen Autolackierer. Man anerkannte die handwerklichen Fähigkeiten, beschränkte den Kontakt jedoch auf das Minimum. Die Gesellschaftsjournalisten mokierten sich über die Weltfremdheit der Feuilletonisten, über die direkt aus der Altkleidersammlung gespeiste Garderobe der Politjournalisten und die komplette Ironie-Unfähigkeit der Wirtschaftsjournalisten. Die Sportjournalisten hielten alle, die vor 22.30 Uhr Feierabend machten und länger als sieben Minuten für einen Artikel brauchten, für Pussies. Also alle außer Sportjournalisten.

Die Gratiszeitungsjournalisten berauschten sich an ihren Leserzahlen, die Redaktoren der Illustrierten an ihrem «direkten Draht» zu «Prominenten», die Boulevardreporter daran, wie oft ihre Storys in den Morgennews der Privatradios zitiert wurden. Die Zeitungsreporter maulten über die Kollegen der Wochenpresse, weil diese endlos Zeit für ihre Artikel aufwenden konnten, die Artikel aber überhaupt nicht besser waren als die eigenen. Die Unbegabten schimpften die Begabten Schönschreiber und Edelfedern; die Begabten nannten sich Autoren und Publizisten, um sich von den Unbegabten zu distanzieren; die Preisgekrönten verwiesen bei jeder Gelegenheit auf ihre Preise, derweil die Preislosen diese Preise für überschätzt und ohnehin nicht begehrenswert hielten.

*Sfffflingplaschdidelsplongdidumlanglong.* Der futuristische Telefonapparat. «Hallo?» Wieder nichts. Er drückte willkürlich ein paar Tasten. Die Stimme der sexy Chefsekretärin ertönte. Ob er Zeit habe, kurz bei T. vorbeizuschauen. Jetzt? Jetzt.

T. empfing ihn in Sammy-Davis-junior-Laune. Er wolle noch einmal betonen, wie zufrieden er bisher mit seiner Arbeit sei. Selbst der Literaturchef, ein Mann von strengem Urteil, teile seinen exzellenten Eindruck, wie er ihm heute Morgen beim gemeinsamen Frühstück versichert habe. Solche Journalisten brauche diese Zeitung! Er hielt kurz inne. Dann trat Sammy Davis jr. von der Bühne und machte einem sorgenumwölkten Patron Platz. «Was ich streng vertraulich mit dir besprechen wollte: So hart es ist, wir müssen uns von einigen Kollegen trennen.»

«Trennen – du meinst: entlassen?»

«Es geht darum, die Personalkosten in den Griff zu bekommen.»

«Die Redaktion wurde doch in den letzten Jahren bereits um ein Viertel verkleinert.»

«Mit unserer Ebit-Marge ist kein nachhaltiges Wirtschaften möglich. *There's no free lunch*.»

Ebit-Marge. Den Begriff hatte er sicher schon dreimal gegoogelt und jedes Mal sofort vergessen, was er bedeutete. «Wie viele?»

«*Ceteris paribus* hoffe ich, dass wir mit acht bis neun durchkommen.»

«Acht bis neun Kündigungen? Bei der Redaktionsgröße ist das so etwas wie eine Massenentlassung.»

«Erst ab zehn.»

«Wen?»

«Das würde ich gerne mit dir diskutieren. Machst du dir ein paar Gedanken?»

«Ich?»

«Bis morgen um zwölf. Ich lade dich zum Mittagessen ein.»

# 8

Kackgegend. Sie waren bestimmt zwanzig Minuten umhergeirrt, bevor sie die Shisha-Bar fanden. Sie lag am Ende einer von Lagerhallen gesäumten Straße ohne Namen, ohne Beleuchtung und ohne Verkehr. Damir steckte die Hände in die Hosentaschen, Henri rückte seine Baseballmütze zurecht. Dann traten sie durch den Firlefanzvorhang ins Lokal. Sie sahen sich ausgiebig um, als seien sie Touristen in der Sixtinischen Kapelle. Anschließend schlenderten sie zu einem Messingtischchen mit zwei Sitzhockern. Beide hätten sich gerne auf den linken Hocker gesetzt, weil man von dort freie Sicht auf die Dunkelhaarige mit dem kurzen Rock und den bitchigen Stiefeletten hatte. Den Gang zu beschleunigen kam nicht in Frage, das hätte uncool gewirkt. Damir versuchte, Henri unauffällig den Weg abzuschneiden. Doch mit seinen Giraffenbeinen gelang es diesem, stets einen halben Schritt vor ihm zu bleiben.

Als sie beim Messingtischchen ankamen, ließ sich Damir auf einen Hocker plumpsen (Arschkartenseite). Henri blieb unschlüssig stehen und nestelte an seiner Baseballmütze, die er wie immer verkehrt herum trug.

«Wieso setzt du dich nicht? Hast du eine Latte?»

«Dieser Stuhl ist abartig tief.»

«Oder du bist abartig unbeweglich.»

«Nur weil du albanischer Zwerg …»

«Ich bin kein Albaner.»

«Aber Jugo.»

«Albaner sind keine Jugos.»

«Schippi bleibt Schippi.»

«Sie hat zu uns rübergeschaut!»

Mittlerweile hatte sich Henri hingesetzt. Seine Knie waren so stark angewinkelt, dass er zwischen ihnen hindurchblicken konnte, als läge er auf der Entbindungsstation. Es sah scheiße aus.

«Die ist zu alt für dich.»

«Wie alt schätzt du sie?»

«Mindestens dreiundzwanzig.»

«Und wieso ist das zu alt für *mich*?»

«Erfahrene Frauen wollen keinen Fahrschüler.»

«Du bist natürlich Michael Schumacher im Bett. Komisch, dass dich Conny trotzdem abserviert hat.»

Ein Mann trat an ihren Tisch. «Was darf ich Ihnen bringen?» Er lächelte freundlich, was Damir ein wenig misstrauisch machte. Allerdings musste er zugeben, dass der Mann für sein Alter – vierunddreißig oder so – ziemlich gut aussah. Kurzes graues Haar, gebräunte Haut, cooles Hemd, sportlich.

«Shisha», sagte Henri schroffer als gewollt.

«Welche Sorte hätten Sie gern?», fragte der Mann sanft.

«Was für Sorten hast du?»

Der Mann lachte. Nicht blöd, sondern irgendwie nett. Dass Henri ihn soeben geduzt hatte und sich überhaupt wie ein Arschloch benahm, schien ihm nichts auszumachen. Der Typ strahlte eine Pete-Sampras-mäßige Ruhe aus. «Nun, wir haben Minze, Kirsche, Rose, Orange, Pfirsich, Mango, Vanille, Banane, Kokosnuss, Cappuccino, Cola …»

«Cola.»

«Für beide?» Er sah Damir in die Augen und lächelte.

Damir nickte, und der Mann ging zur Theke.

«Wieso hat der Mongo uns gesiezt? Sehen wir aus wie Berufsschullehrer?»

«Er hat Stil. Im Gegensatz zu dir.»

Henri griff sich in den Schritt. «Willst du meinen Stiel sehen?»

«Außerdem ist er Ausländer.»

«Wer?»

«Der Typ, der uns bedient hat.»

«Wir sind auch Ausländer.»

«Ja, aber nicht so.»

«Wie dann?»

«Wir sind Ausländer. Er ist Ausländer-Ausländer.»

«Du meinst, darum redet er so hochdeutschmäßig mit ‹Sie› und so?»

«Was weiß ich. Auf jeden Fall habe ich keine Lust, hier rauszufliegen, nur weil du dich wie der letzte Aso benimmst.»

«Was ist eigentlich los mit dir – hast du deine Mens?»

Damir schwieg. Vielleicht hätte er den Brief nicht wegschmeißen sollen. Dann sagte er: «Thierry Henry oder David Beckham, wer ist der geilere Fußballer?»

«Das fragt du im Ernst?»

«Nein, im Fritz.»

«Die englische Schwester wäre besser Eiskunstläuferin geworden. Und wieso zündest du dir eine Zigarette an? Wir bekommen gleich was zu rauchen.»

Damir steckte die Zigarette wieder ein. «Einmal am Tag lässt sogar du etwas Vernünftiges raus.»

Der Grauhaarige kehrte mit der Wasserpfeife zurück und stellte sie behutsam auf das Messingtischchen. Dann verrührte er die Tabakmasse, legte ein metallenes Sieb über die Schale und entzündete die Kohle. «Die erste Runde geht aufs Haus.»

Henri schwieg und fingerte an seinem Handy herum.

«Danke!», sagte Damir.

Der Grauhaarige reichte ihm die Hand: «Ich bin Mohamed, der Besitzer des Lokals.»

Damir gab ihm verlegen die Hand und murmelte seinen Namen.

Henri verschränkte die Arme hinter dem Kopf und studierte die Wasserpfeife. «Das Teil sieht aus wie der Turm bei euch.»

«Wovon redest du?»

«Das Bild in eurem Wohnzimmer mit dem weißen Turm drauf.»

«Du meinst das Minarett auf dem Wandteppich?»

Henri nickte. Damir verdrehte die Augen und blickte zum Grauhaarigen hoch. Der schien die Bemerkung nicht gehört zu haben und entfernte sich lächelnd.

Eine Zeitlang nuckelten sie schweigend an ihren Mundstücken und starrten in das blubbernde Wassergefäß. Henri, der Nichtraucher war, hüstelte in sich hinein. Damir wollte einen Spruch machen, ließ es aber bleiben. Auf einmal wurde das Licht dunkler und die Musik lauter. Henri boxte Damir auf den Arm und zeigte Richtung Theke: «Ich glaub's nicht!» Die Dunkelhaarige mit den bitchigen Stiefeletten tanzte zwischen den Tischchen hindurch. Nur hatte sie jetzt noch weniger an als vorher. Oder genauer: Die Bekleidung war anders verteilt. Oben trug sie nichts als einen wonderbramäßigen BH mit Tonnen von Glitzerzeug dran. Man sah direkt auf ihren nackten Bauch! Unten gefiel sie beiden etwas weniger. Der Mini war weg, dafür trug sie einen viel zu weiten, lampenschirmförmigen Rock, so dass man weder ihren Arsch noch ihre Beine richtig sehen konnte. Auch die Stiefel hatte sie nicht mehr an. Stattdessen Ballerinas – der Vollabtörner.

Allmählich näherte sie sich ihrem Tisch. Ihr Bauch zuckte und zitterte und machte krasse Kreisbewegungen, als hätte er nichts mit dem Rest des Körpers zu tun. Jetzt stand sie direkt vor ihnen. Sie ließ ihr Becken im Zeitlupentempo vor- und zurückgleiten. Es sah aus wie bei Michael Jackson! Ihr Becken machte den Moonwalk! Erst jetzt bemerkte Damir den langen Schlitz im Lampenschirmrock. Hatte er für eine Zehntelsekunde ihr Höschen gesehen? Ein rosafarbenes Höschen mit Rüschenzeugs dran? Er bekam eine Hammerlatte. Man hätte ein Zirkuszelt damit aufrichten können.

Sie tanzte noch ein bisschen vor ihnen herum, dann wogte sie zum nächsten Tisch. Henri hatte die ganze Zeit auf den Boden gestarrt.

«Du kannst dich entspannen, Superstecher», sagte Damir. «Sie ist weg.»

Mit einer trägen Geste, die Lässigkeit ausdrücken sollte, hob Henri die Hand zum Victory-Zeichen.

Gegen Mitternacht verließen sie das Lokal in aufgeräumter Stimmung. Sie wollten weiter ins Guaraná, den Klub mit den schönsten Frauen der Stadt. Okay, den zweitschönsten. Die frauentechnische Nummer eins konnten sie sich nicht leisten. Kurz bevor sie den Firlefanzvorhang erreichten, spürte Damir eine Hand auf der Schulter. Es war der Grauhaarige. Der Name fiel ihm nicht mehr ein, Damir war ziemlich bekifft.

Mohamed drückte ihm eine Visitenkarte in die Hand. «Falls du mal einen Job suchst: Ruf mich an, Bruder.»

# 9

Er konnte sich nicht erinnern, wann er zum letzten Mal so lange geschlafen hatte. Sein Hals brannte. Er tastete nach dem Wasserglas, das er immer vor dem Zubettgehen auf den Nachttisch stellte. Aber da war kein Wasserglas. Er musste ziemlich betrunken heimgekommen sein. *Shitfaced*, wie der Engländer sagt. Am Schluss war er bei Kurt gelandet, dem Wirt seines Vertrauens. Der hatte ihn mit einem perversen griechischen Schnaps abgefüllt, während sie sich gegenseitig ihr Fußballleid klagten.

Beide waren Anhänger von Vereinen, die man als Modernisierungsverlierer der Sportart bezeichnen konnte. Er von Arminia Bielefeld, Kurt, der mit einer Süditalienerin liiert war, von Napoli. Und beide betrieben ihr Anhängertum mit der gebotenen Ernsthaftigkeit. Kurt flog achtmal im Jahr für ein Heimspiel nach Neapel, auch jetzt noch, da der Verein in die Serie B abgestiegen war. Er selbst hatte seine erste Saisonkarte 1996 erworben, zu einer Zeit, als die Arminia in der Oberliga herumgurkte. Nein, in Fußballbelangen konnte man ihm keine Bindungsangst vorwerfen. Im Leben eines wahren Fans gab es nun mal keinen Platz für ironische Distanz. Für Männer seines Alters und seiner Schicht war Fußball die letzte ironiefreie Zone.

Wie immer hatte es Spaß gemacht, sich mit Kurt zu unterhalten. So ziemlich alles andere an diesem Tag hatte keinen Spaß gemacht. Genau genommen hatte er einen epochal verschissenen Freitag erlebt. 8.10 Uhr: Streit mit Karina am Frühstückstisch. Traktanden: Bartstoppeln im Lavabo und Zeitungslektüre auf der Toilette. Die Bemerkung, dass es in seinem Job nicht genüge, die Morgennews irgendeines debilen Radiosenders zu hören, brachte sie zum Explodieren. «Aha, der Chefjournalist hält es für nötig, dem unterbelichteten Kindermädchen zu erklären, wie anspruchsvoll seine Arbeit ist!» Die nächste Eskalationsstufe zündend, antwortete er: «Gleich kommt die Leier von der Jugo-Tochter aus einfachen Verhältnissen.» Ihre Augen verengten sich zu Schießscharten. «*Đjubre*», spie sie. Plus/minus hieß das Vollidiot, soviel er wusste. Er sagte ruhig: «War das ein Kompliment für mein neues Hemd?» Sie stand auf, ging aus der Küche und verbarrikadierte sich im Bad.

8.59 Uhr. Erstmals einen Zusammenschiss von T. kassiert. Offensichtlich hatte dieser – ungewöhnlich für ihn – die aktuelle Ausgabe erst jetzt vollständig gelesen. In ihrer Wochenkolumne widmete sich die ältere Gesellschaftsreporterin der Familie Bush. Sie schrieb: «Frauen unterstellen Männern manchmal, sie würden mit ihrem besten Stück denken. Im Falle des US-Präsidenten wäre das ein Segen. Immerhin hat der texanische Exalkoholiker damit Zwillinge gezeugt. Ob sein Hirn zu einer ähnlich produktiven Leistung fähig ist, steht zu bezweifeln.»

Er hatte das lustig gefunden und vorgehabt, T. nach der Konferenz fraternisierend auf den Text anzusprechen. Aber sein Chef war mit der Entschlossenheit einer fliehenden Büffelherde aus dem Sitzungszimmer gestampft. Besser so, denn sein Verdikt, wie er jetzt erfuhr, lautete: Primitiv, unter dem Niveau dieser Zeitung. «Man stelle sich vor, wir würden im selben Ton über eine linke Politikerin schreiben!» Das war nicht ganz falsch, musste er sich zerknirscht eingestehen.

Dann eine Art Nachbeben: «Sieh zu, dass so etwas nicht wieder vorkommt. Dafür wirst du bezahlt.»

Mittagessen um 12.15 Uhr. Der Tiefpunkt des Tages, der Woche, des Jahres. Nur schon das Setting: Renommierlokal, bordeauxschwenkende Businessherren mit geröteten Wangenknochen (das permanente Make-up des Trinkers) sowie – *modern times* – marathonlaufende Manager-Anorektiker, die sich von San Pellegrino ohne Kohlensäure ernährten. Er bestellte Linguine al Prosciutto e Tartufo für 32.50 Franken, was ihn reute, obwohl es auf Spesen ging. Wein trinken und teuer essen fand er in Ordnung. Aber nicht über Mittag und schon gar nicht mit dem Chef. Schon gar, gar nicht mit einem schlechtgelaunten Chef.

Ob er dazu gekommen sei, sich Gedanken zu machen. – Um wie viele Kündigungen es noch mal gehe, vier oder fünf? – Neun. – Gestern seien es noch acht bis neun gewesen. – Genau, gestern. – Man könne doch mit vier beginnen und schauen, wie sich die Inseratenlage im nächsten Quartal entwickle. – Das bringe nichts, ein externer Berater, Topmann übrigens, habe alles durchgerechnet. – Mit dem Honorar hätte man bestimmt zwei Redaktionsstellen finanzieren können. – Er habe es *pro bono* gemacht. – Aha, der Berater sei wohl als SS-Offizier verkleidet auf einer Kostümparty aufgetaucht, und er habe ihn mit dem Foto erpresst. – Falsch, ein Studienfreund; vielleicht müsse er seine Stereotypen und Ressentiments gegenüber Vertretern der Privatwirtschaft überdenken. – Er könne das nicht. – Was? – Kollegen rausschmeißen. – Ob er glaube, *ihm* mache das Spaß? Leider gehöre so etwas dazu, wenn man in der Führungsverantwortung stehe. – *Fhrngsvrntwrtng.* Er schwieg.

Offensichtlich müsse er das jetzt alleine schultern, murrte

T. und zählte auf: den Wirtschaftskolumnisten, die Mäuschenfrau, Gerda Müller (die mit dem Bush-Text), den Sportredaktor, den Inlandchef, den Auslandchef …

Es verschlug ihm den Appetit. Schade um die Linguine al Prosciutto e Tartufo. Mehrere Dinge gingen ihm durch den Kopf. Wenn die Mäuschenfrau und Gerda geschasst wurden, dann glich die Redaktion allmählich einem Jesuitenkloster. Zweitens musste er zugeben: Hätte man ihn beauftragt, eine Anti-Hitparade der Mitarbeiter aufzustellen, wären sieben der neun Namen, die T. genannt hatte, auf der Liste gewesen. Nur Gerda Müller und der Auslandchef nicht. Die waren wirklich gut, und er konnte sich keinen Reim darauf machen, wieso gerade sie entlassen werden sollten. Was nicht hieß, dass die anderen alles Nieten waren. Die Mäuschenfrau zum Beispiel schrieb völlig akzeptable Geschichten, einfach ein bisschen farblos, wie ihr Teint. Hätte sie nicht die Chance verdient, es besser zu machen?

Am meisten plagte ihn dies: Zu Beginn der Woche hatte er kurz in T.s Büro vorbeigeschaut. Sie unterhielten sich über die letzte Nummer, T. fragte ihn aus: Wie ihm dieser Artikel und jene Rubrik gefalle, was er anders machen würde, ob sie das Kreuzworträtsel abschaffen sollten («Wir machen ja kein *Fix und Foxi*»). Dann sprach er ihn auf den neuesten Artikel des Wirtschaftskolumnisten an, in dem es um das Cassis-de-Dijon-Prinzip ging. (Das Staatsquoten-Thema hatte der Wirtschaftskolumnist für die übernächste Ausgabe angekündigt.) Er antwortete: «Um etwas zu dem Text sagen zu können, müsste man ihn mir zuerst ins Deutsche übersetzen.» *Das* hatte T. witzig gefunden. Schließlich landeten sie beim Sportredaktor. T. bezeichnete ihn als «Manndecker alter Schule mit Schwierigkeiten im Spielaufbau». Er hatte gegrinst und nicht widersprochen. Und jetzt wurden beide, Wirtschaftskolumnist und Sportredaktor, entlassen. Hatte er T. bestärkt, ihn angestachelt, gar auf die Idee gebracht? Er fühlte sich schuldig.

Zum Brennen im Hals kamen hämmernde Kopfschmerzen hinzu. *Bumm-bumm-bumm*. Als sei ein Lovemobil unter seiner Schädeldecke parkiert. Er musste dringend ein Aspirin schlucken und ebenso dringend pinkeln. Das Problem war, dass er dazu hätte aufstehen müssen. Doch sobald er sich bewegte, wurden die Kopfschmerzen noch stärker. Wenn er hingegen liegen bliebe, würden sie ebenso wenig verschwinden. Nannte man das nicht eine Aporie? Wie schrieb man Aporie überhaupt?

Zu seinem Erstaunen hatte sich T. während des Desserts (Torta dell' Abate di Altacomba con croccante e mousse di nocciole) dazu bewegen lassen, die Entlassungen des Auslandchefs und von Gerda Müller zu überdenken. «Sieben statt neun» war allerdings nicht die Art von Verhandlungsresultat, für das ihn die Belegschaft als unerschrockenen Vertreter ihrer Interessen feiern würde.

Ohnehin währte die Freude über sein Triümphchen nur bis zur Kaffeepause. Als er den Raum mit dem Getränkeautomaten und der rasenmäherlauten Espressomaschine betrat, saß dort ein halbes Dutzend Kollegen, unter ihnen die Leiterin der Bildredaktion – die einzige Frau, die hier irgendetwas leitete – und der Auslandchef. Die dicke Luft, so viel war klar, stammte nicht nur vom Zigarettenrauch. Der Auslandchef hatte zur Sauertopffraktion gehört, die ihn an seinem ersten Morgen in der Redaktion so ungemein warmherzig empfangen hatte. Auch deswegen mochte er ihn nicht. Dass er ihn dennoch für einen guten Journalisten hielt und ihm vielleicht sogar den Arsch gerettet hatte, würde der Auslandchef nie erfahren. Die Lektion hatte er von seinem neuen besten Freund, dem Literaturkritiker, gelernt.

«Sehe ich genauso.» – «Doch, doch.» – «Ja, ja» – «Mhm.» Was auch immer die Runde diskutiert hatte: Man war offensichtlich nicht darauf erpicht, das Gespräch in seiner Gegenwart weiterzuführen. Eigentlich hatte er sich nur rasch ein Wasser holen wollen. Stattdessen warf er den Rasenmäher an und setzte sich zu den anderen an den Tisch. «Darf ich?» – «Sehr gerne!», sagte die Leiterin der Bildredaktion einen Hauch zu begeistert. Er nippte im Zeitlupentempo an seinem Kaffee, als würde hier ein Eduscho-Spot gedreht. Der Auslandchef räusperte sich und sagte, ohne ihn anzublicken: «Und wann gedenkt die Chefredaktion offiziell über die neuesten Pläne zur Hebung unseres publizistischen Niveaus zu informieren?» – «Machst du dir Sorgen um das Kreuzworträtsel? Ich wusste nicht, dass du ein Ratefuchs bist.»

Er fand seine Antwort schlagfertig. Doch dann sah er den verächtlichen Blick des Auslandchefs und realisierte: Die Anwesenden wussten etwas, das er nicht wusste, und er war soeben aufgeflogen. «Kreuzworträtsel?», höhnte der Auslandchef. «Zu derart anspruchsvollen Fragen maße ich mir kein Urteil an. Wir haben hier lediglich über die neue Kolumne diskutiert, die nächsten Monat starten soll.» Dann machte er eine genüssliche Pause.

Der Sportsmann in ihm sagte sich: Okay, wenn der Ball hinter der Linie liegt, dann ist Tor. Also Mund auf, Kreide rein und runter damit: «Von welcher Kolumne sprichst du?» – «Jean Roemer.» – «Der Investor?» – «So dezent hätte ich es nicht formulieren können. Aber, ja: die neoliberale Heuschrecke mit den ultrarechten Arschloch-Ansichten.»

Der Auslandchef zeigte Mitleid mit seiner Beute. Ohne auf eine Antwort zu warten, verließ er den Raum.

Jean Roemer. Kein Sympathieträger, gewiss. Er hatte ihn einmal an einem sterbenslangweiligen, von einer Automarke gesponserten «Event» erlebt. Roemer war ein foulardierter Wichtigtuer mit manikürten Händen und Herrenmenschenhabitus. Wenn er sich richtig erinnerte, hatte Joseph Roth – der wunderbare, wunderbare, *one and only* Joseph Roth – diese Gattung Männer als «Ernstlinge und Würderiche» bezeichnet. Aber auch Unsympathen hatten das Recht auf eine Meinung. Und wenn es sich um einen einflussreichen Unsympathen mit 150 Millionen auf dem Konto handelte: War es dann nicht interessant zu erfahren, wie so einer tickte? Eine Zeitung musste dem Publikum doch mehr bieten als Selbstvergewisserung! Wenn man immer unter seinesgleichen blieb, dann konnte man das Denken gleich einstellen. Von daher: Jean Roemer, na und? Was ihn mehr wurmte: dass T. ihn nicht einmal informiert hatte.

Mit der Geschmeidigkeit eines Gewichthebers beim Weltrekordversuch erhob er sich vom Bett. *Bumm-bumm-bumm!* Die Techno-Parade tobte. Er schlurfte ins Bad, die Oberschenkel brannten. Seit wann verursachte Saufen Muskelkater? Als er den Medizinschrank öffnete, fiel ein Schwall unbekannter Tuben und Döschen ins Lavabo. Karina machte aus seiner Wohnung allmählich einen verdammten Kosmetiksalon. Er konnte seinen eigenen Atem riechen. Das war relativ neu. Bis vor ein, zwei Jahren hatte er nie einen Gedanken an Apothekenheftchen-Themen à la Mundgeruch oder Haarausfall verschwendet. Wenn das in dem Tempo weiterging, war er mit vierzig eine sprechende Kloake mit Mönchstonsur, Hängearsch und pingpongballgroßen Tränensäcken.

Sein Handy klingelte – zum ersten Mal seit gestern *bloody Friday* Nachmittag, wie ihm auffiel. Gerda Müller, die trotz zweier Kinder ihr Leben lang Vollzeit gearbeitet hatte, hätte sich bei Margarete Mitscherlich auf die Couch legen und mit ihr über das schlechte Gewissen berufstätiger Mütter sprechen sollen. Eine Idee, auf die er stolz war. Beinahe hätte es geklappt. Doch unmittelbar nach seinem blamablen Abstecher in den Kaffeeraum kam die Absage. In Einklang mit den ewigen Gesetzen von Yin und Yang war jetzt eine gute Nachricht fällig. «Hallo? Wie …?» Im ersten Moment war er eher verblüfft als schockiert. Jemand hatte «Kriegshetzer» und «Wir machen dich fertig» ins Telefon gebrüllt. Ein Drohanruf. Warum er? Warum gerade jetzt? Wie war dieses Arschloch überhaupt an seine Mobilnummer gekommen?

Er schlich in die Küche und griff zur aktuellen Ausgabe der wichtigsten Wochenzeitung des Landes, in deren Redaktionsleitung er sich befand, zumindest auf dem – ha! – Papier. Die meisten Journalisten lasen die Zeitung, bei der sie angestellt waren, nicht oder nur oberflächlich. Er machte keine Ausnahme. Und so sah er die beiden Artikel im Auslandteil erst jetzt: Den Essay eines amerikanischen Neokonservativen, der die Notwendigkeit, die Unausweichlichkeit und die heilsbringende Wirkung eines Einmarschs alliierter Truppen in den Irak darlegte. Sowie den Essay eines ihm unbekannten, aber offensichtlich hiesigen Autors, der die Notwendigkeit, die Unausweichlichkeit und die heilsbringende Wirkung eines Einmarschs alliierter Truppen in den Irak darlegte und sich gleichzeitig über das kriecherische, defätistische Appeasement weichgespülter europäischer Linksintellektueller gegenüber der islamistischen Gefahr echauffierte.

Okay, John le Carrés Stück von vorletzter Woche war gründlich kompensiert worden. Und er wurde nun in Sippenhaft genommen, da sein Name in derselben Nummer erstmals im Impressum erschien (an drittoberster Stelle). Offensichtlich befand er sich mitten in einer ausgeprägten Glückssträhne. Was soll's. Die Peace-Stalinisten, die sich nur gegenüber einer einzigen Meinung – der eigenen – tolerant zeigten, konnten ihn mal. Aber wer war dieser Autor, der ohne Scheu vor Zuspitzung und übertriebener Ehrfurcht vor den Regeln des Handwerks, dafür mit Schmiss und Streitlust, eine solche Stinkbombe im Blatt deponiert hatte?

*Bumm-bumm-bumm*. Er schlich zurück ins Bad und nahm ein zweites Aspirin.

# 10

Die anderen lachten, Damir gähnte. Sie saßen zwischen Heizpilzen und falschen Palmen vor der Monza-Bar. Edin: Kunstlederjacke, schwarze Jeans, weiße Nikes. Murat: Kunstlederjacke, schwarze Jeans, weiße Nikes. Ahmed: Kapuzenpulli, schwarze Jeans, weiße Nikes. Damir: Carhartt-Jacke, schwarze Jeans, Künzli-Turnschuhe (Kult unter Rappern in New York, Tipp von Henris Bruder).

Sie waren in Korbsesseln um einen Klubtisch gruppiert, auf dem sich vier Dosen Red Bull, vier Handys, zwei Autoschlüssel und drei Zigarettenschachteln befanden. Alle saßen ziemlich breitbeinig da, die Arme auf die Lehnen gelegt, so dass es ein wenig aussah wie ein Ältestenrat oder in der Talkshow eines Provinzsenders.

«Anfang Februar, und wir sitzen draußen. Genial, diese Klimaerwärmung!»

«Das ist, weil Edin so viel furzt. Bald brauchen wir gar keine Heizungen mehr.»

«Dafür Gasmasken.»

«Gestern habe ich Dejan gesehen. Er wiegt jetzt hundertdreißig Kilo.»

«Gegen den hab ich mal ein Autorennen gemacht. Er hatte einen getunten BMW. Ich habe trotzdem gewonnen, weil er so fett ist.»

«BMWs sind schöne Autos.»

«Das kannst du nicht sagen.»

«*Šta?*»

«Man kann nicht sagen: BMW ist schön. Nur: BMW gefällt mir.»

«Okay, *šefe*. BMW gefällt's mir.»

«Britney Spears gefällt's mir auch.»

«Ihr Arsch ist schön.»

«Schön getunt.»

Obwohl er gar nicht pinkeln musste, stand Damir auf und ging auf die Toilette. Das Gefasel ging ihm auf die Nerven. Im nahezu leeren Lokal lief ein Fernseher. Schon wieder der Ami-General mit der großen Brille. In *Print* hatte er gelesen, dass das ein ganz hohes Tier war. Minister oder so. Krass, wie weit Farbige es in Amerika brachten. Noch krasser war, dass die Amis einen Militärheini in der Regierung hatten. Erinnerte ihn an Marschall Tito. Sein Vater sagte immer: «Wir müssen den Amerikanern dankbar sein. Wären sie nicht gewesen, hätten uns die Tschetniks ausgerottet wie Ungezieter.» Trotzdem leuchtete ihm nicht ein, warum sie es plötzlich auf den Beduinen mit der Bürste im Gesicht abgesehen hatten. Krieg ist scheiße, dachte er, während er auf dem Pissoir vor sich hin tröpfelte. Mein Vater ist scheiße. Kiffen ist scheiße. Der Scheißbrief der Ärztin ist scheiße.

In den vergangenen Wochen hatte er nur selten an den Brief gedacht. Noch am selben Tag hatte er ihn weggeworfen (an einer Bushaltestelle, sicher ist sicher). Seiner Mutter ging er seitdem aus dem Weg, achtete darauf, dass er erst nach Hause kam, wenn sie schon schlief. Sie war in letzter Zeit merkwürdig drauf. Einmal saß sie an einem Sonntagabend im Wohnzimmer und lächelte ihn an, als er zur Tür hineinschaute. Wann hatte seine Mutter zum letzten Mal gelächelt? «Ich habe dein Lieblingsessen gekocht», sagte sie. Hackbraten mit Spaghetti und Tomatensauce. – «Was ist mit dem

Anwaltsbüro?», fragte er. – «Ich habe heute freigenommen.» Wieder lächelte sie. Doch schon am nächsten Morgen hörte er sie im Bad weinen. Es gab ihm einen Stich, und er setzte den Kopfhörer auf. Hatte sie mit Vater telefoniert? Sie weinte noch seltener, als sie lächelte.

Er ging wieder nach draußen zu den anderen (der Ami-General war immer noch auf Sendung) und sagte: «Ich muss los, *vidimo se*.»

«Und wer zahlt dein Red Bull, *profesor*?»

«Schon okay, ich übernehme das, *ćao*.»

«Warum lädst du *mich* nie ein?»

«Musst ihm halt auch mal einen blasen.»

Röhrendes Gelächter. Ohne etwas zu erwidern, machte er sich auf den Heimweg.

Bruder. Das hatte schon lange niemand mehr zu ihm gesagt. Woher wusste dieser Mohamed überhaupt, dass er Muslim war? Er erinnerte sich vage, dass Henri in der Shisha-Bar etwas von Minaretten gefaselt hatte. Wahrscheinlich deswegen. Mit fünfzehn hatten ihn die Mitschüler manchmal so genannt. Damals war es ironisch gemeint – Bruder, Mufti, Taliban, Mullah Omar. Oder, wenn er Glück hatte, Cool Man.

Das Problem war, dass er schon mit zwölfeinhalb die ersten Barthaare bekommen hatte. Doch seine Mutter verbot ihm, sich vor dem sechzehnten Geburtstag zu rasieren. Das sei schlecht für die Haut, außerdem wachse der Bart noch stärker. Also latschte er eine Zeitlang mit einer Hecke im Gesicht durch die Gegend. Er schämte sich, und die Mädchen in seiner Klasse fanden es eklig. Vor allem die schöne Sabrina, die ein original Louis-Vuitton-Täschchen besaß und derentwegen er einen Sommer lang in der Badi rumhing, obwohl er Schwimmen hasste und ihm Mama mit ihrem peinlichen

Kopftuch ständig hinterherdackelte. «Du siehst wie ein Kameltreiber aus», hatte Sabrina gesagt, als er einmal «zufälligerweise» hinter ihr am Kiosk angestanden war. Das hatte weh getan.

Zu Hause ging er an sein Pult, öffnete die unterste Schublade und nahm die Blechdose hervor, in der er Zigarettenpapier und Indoor-Gras aufbewahrte. Ihm fiel ein, dass er sich vorgenommen hatte, weniger zu kiffen, und aus einem anderen Grund am Pult stand. Er legte die Dose zurück. Dann wühlte er sich durch zerlesene Comichefte und Fantasyromane, gebrauchte Filter, Panini-Bildchen und CD-Hüllen, entdeckte einen alten Mitgliederausweis seines Judoklubs – schade eigentlich, dass er aufgehört hatte – und fand schließlich die Visitenkarte.

Er wählte Mohameds Nummer. Schon nach dem zweiten Klingeln nahm dieser ab und sagte barsch: «Hallo?»

«Guten Tag, hier ist Damir.»

«Wer?»

«Ich war vor einigen Wochen bei Ihnen in der Bar. Sie haben gesagt, ich solle anrufen, wenn ich einen Job brauche.» Schweigen. Offensichtlich konnte sich Mohamed nicht erinnern. «Ich war mit einem Kolleg da. Ein langer Schwarzer mit Baseballmütze.»

Augenblicklich wurde Mohamed freundlich. «Ah, du bist das! Wie geht es dir? Es ist doch in Ordnung, wenn wir uns duzen – unter Brüdern?»

«Kein Problem», sagte Damir cool.

Sie verabredeten sich für den nächsten Vormittag. Damir stellte den Wecker auf 8.45 Uhr, um sicher pünktlich zu sein. Nach dem Aufstehen rasierte er sich und zog das neue Hemd an, das er mit dem Geschenkgutschein seines Vaters gekauft hatte (H&M, Business Line). Wieder musste er einige Minuten suchen, bevor er den Eingang zur Shisha-Bar fand. Im Tageslicht sah das Lokal kleiner und etwas schäbig aus. Mohamed saß an der Theke und winkte ihn erfreut heran. Als Damir sich gesetzt hatte, schenkte er süßen Tee ein und bot ihm eine Zigarette an. Damir nahm dankbar an. Er hatte seit 21 Stunden und 55 Minuten nicht mehr gekifft. Dafür umso mehr geraucht.

Mohamed sah ihm in die Augen und lächelte. «Erzähl ein wenig von dir.»

Damir spürte, wie er rot wurde. Auf so eine Frage war er nicht vorbereitet. Was gab es über ihn schon zu erzählen?

Mohamed lächelte aufmunternd. «Wie alt bist du?»

«Neunzehneinhalb.»

«Oh. Ich hätte dich älter geschätzt. Du wirkst reifer.»

«Wie alt dachten ... dachtest du, dass ich sei?»

«Zwei-, dreiundzwanzig?»

Dreiundzwanzig!

«Was machst du beruflich?»

«Nun, ich habe die Handelsschule abgeschlossen. Danach habe ich für ein bekanntes Fotostudio gearbeitet – Marketingabteilung.»

Mohamed nickte wohlgefällig.

«Momentan bereite ich mich auf die Filmschule vor.»

«Und jetzt brauchst du Geld, um dein Studium zu finanzieren?»

«Exakt.»

Genial, wie gut dieses Gespräch lief! Er hatte Mohamed voll eingecharmt. Dieser bot ihm eine weitere Zigarette an. Cooler Typ, so viel stand fest. Danach dauerte es keine zehn Minuten, bis sie sich einig wurden. Okay, der Job war jetzt nicht hammergeil – Stühle herunterstellen, Gläser einräumen, Lieferungen entgegennehmen, am Montag der Putzfrau die Bar aufschließen sowie Kurierdienste mit seinem Bike erledigen. Letzteres bedeutete immerhin, dass er wieder fitter werden würde. Sollte sich Damir bewähren, kündigte Mohamed an, dann würde er ihn vermehrt ins Geschäftliche mit einbeziehen. «Diese Bar kann jemanden brauchen, der sich mit Werbung auskennt.» Er schüttelte ihm feierlich die Hand.

Das war die Lösung. Damir würde den Job ein paar Monate lang machen, danach konnte er «PR-Assistent im Gastro-Bereich» ins CV schreiben und sich bei den großen Agenturen bewerben. Aufträge von Nike, Pepsi, Nokia! Minimum 10 000 im Monat! Und eine Freundin aus der Liga Bauchtänzerin!

Er blickte verstohlen auf die Uhr. Um halb eins war er mit Murat verabredet. Der saß auf dem Trockenen und wollte ihm ein bisschen Gras abkaufen.

«Darf ich dir eine persönliche Frage stellen?»

«Hä?» Damir hatte nicht richtig zugehört.

«Was für ein Landsmann bist du?»

«Ich? Also, eigentlich – ich bin Bosnier.»

Mohamed blickte mitfühlend. «Dachte ich mir. Die Kuffar haben euch aus der Heimat vertrieben.»

Damir nahm an, dass Kuffar ein anderes Wort für Tschetniks war, und nickte.

«Welche Moschee besuchst du?»

«Eigentlich die bosnische bei uns um die Ecke.»

Mohamed zwinkerte ihm zu. «Und uneigentlich?»

«Gut, in letzter Zeit bin ich nicht mehr soo regelmäßig hingegangen.»

Mohamed lachte. «Das sieht man!»

Damir blickte verdutzt.

Freundschaftlich legte ihm Mohamed die Hand auf die Schulter. «Du bist immer so perfekt rasiert!»

Jetzt tönte der Typ fast wie sein Vater. Er war irritiert. Mohamed, der seine Gedanken stets zu erraten schien, hob beschwichtigend die Hände und grinste. Eine Weile saßen sie schweigend da. Wieder wurde Damir verlegen. Er hätte längst aufbrechen müssen, blieb aber sitzen. Unvermittelt begann er zu erzählen. Wie verschissen er sich mit seinem flauschigen Jungmännerbart gefühlt hatte. Wie er den Tag herbeigesehnt hatte, an dem er sich rasieren durfte. Endlich nicht mehr auffallen! Wie ihn die Sprüche der Klassenkameraden getroffen hatten. Dass Sabrina ihn Kameltreiber genannt hatte. Beinahe hätte er auch noch von dem Brief an seine Mutter angefangen. Er musste sich richtig zwingen, den Mund zu halten.

Mohamed hörte aufmerksam zu. Als Damir geendet hatte, fragte er: «Wie viele Länder gibt es in Europa?»

«Fünfundvierzig. Das hatten wir in der Schule.»

«Stimmt. Fünfundvierzig Länder plus eins.»

«Plus eins?»

«Wir Muslime sind das sechsundvierzigste Land Europas.»

Damir sah Mohamed verwundert an.

«Muslime leben seit Jahrhunderten auf diesem Kontinent. Wir gehören genauso hierher wie die Nasara, die Christen.» Wieder legte ihm Mohamed eine Hand auf die Schulter. «Es gibt keinen Grund, deine Religion zu verleugnen. Sei stolz auf deinen Glauben, stolz auf deine Herkunft!»

«Und das kann ich nur sein, wenn ich Bart trage?» Die Frage geriet schnippischer, als er es beabsichtigt hatte.

Zu seiner Erleichterung schien sich Mohamed nicht daran zu stören. Er verdrehte die Augen und macht eine theatralische Geste. «Oooh, ich weiß: Leonardo DiCaprio! David Beckham! Xavier Naidoo! Bei euch Jungen stehen die Glattrasierten hoch im Kurs. Ihr möchtet so umschwärmt sein wie sie, so berühmt werden wie sie. Jetzt mal ehrlich: Diese makellosen rosa Wangen – das sieht doch aus wie ein Kinderpopo! Wie ein Kinderpopo oder eine geschälte Kartoffel. Und nun möchte ich von dir wissen: Was bist du, ein Mann oder eine Kartoffel?»

Es sei *haram*, den Bart zu rasieren, ergänzte Mohamed ernst. Doch Damir hörte nicht mehr hin. Mann oder Kartoffel! Er kicherte vor sich hin, als hätte er zu viel gekifft.

# 11

Er ging durch die Eingangshalle des Pressehauses und dachte: Die Art, wie jemand den anderen die Tür aufhält, verrät etwas über den Charakter einer Person. Der Typ vor ihm – ein Meter neunzig, nach hinten geklebtes Haar, segelbootgebräuntes Gesicht, rahmengenähte Chefschuhe – tat es derart gönnerhaft und mit einem so ostentativen Anflug von Ungeduld, dass die Botschaft klar war: Ich bin nicht nur größer als du, ich bin auch wichtiger und beschäftigter, so dass es einem späten Exzess der Französischen Revolution gleichkommt, wenn ich meine ebenso knappe wie teure Zeit darauf verwenden muss, Portier für einen subalternen Statisten im anforderungsreichen Theater der freien Marktwirtschaft zu spielen, was ich unter Aufbietung meiner Fähigkeit zur Selbstbeherrschung dennoch klaglos tue, wofür ich jedoch erwarte, dass du Status-Mikrobe die Geste als das würdigst, was sie ist: ein Akt der Barmherzigkeit.

Der Wirtschaftskolumnist kam ihm mit einer Bananenkiste entgegen. Als sie auf gleicher Höhe waren, blieb er stehen und zischte voller Wut: «Man sieht sich immer zweimal im Leben.» Dann stürmte er Richtung Ausgang.

Einen Moment lang wollte er sich weismachen, dass er nicht verstand, warum der Kollege so aufgebracht war. Dabei war klar: Jetzt hatte T. doch noch ernst gemacht. Seit dem Mittagessen im Bordeauxschwenkerlokal hatten sie nicht mehr über das Thema Entlassungen gesprochen, so dass er schon geglaubt hatte, T. wäre von seinem Entschluss abgerückt. Ein bisschen so, wie kleine Kinder glauben, dass man sie nicht mehr sieht, wenn sie die Augen schließen.

Sein Magen krampfte sich zusammen. Schon wieder war er über einen wichtigen Entscheid nicht informiert worden. Wie viele Kollegen wohl entlassen worden waren? Gehörte Gerda Müller dazu? In den vergangenen Wochen hatte sie sich zu seiner Vertrauten entwickelt. Eine feine Person. Das Handy in seiner Hosentasche surrte. Wieder krampfte sich sein Magen zusammen. Er brauchte unbedingt eine neue Nummer. In den vier Tagen, seit Colin Powell seine «Beweise» für die Existenz irakischer Massenvernichtungswaffen vor dem Uno-Sicherheitsrat präsentiert hatte und eine amerikanische Militärintervention so gut wie sicher geworden war, hatte er sicher fünfzig anonyme Anrufe erhalten.

Schwänzen, das wär's jetzt. Den Tag zeitunglesend und kaffeetrinkend bei Kurt verbringen, anstatt sich in diese Hölle namens Redaktion zu begeben, wo fünfundzwanzig Kollegen darauf warteten, über ihn herzufallen. Ganz besonders über ihn. Einerseits, weil er als Mitglied der Chefredaktion für dieses Massaker mitverantwortlich gemacht wurde. Er war ein Adlatus, Komplize, Kollaborateur, Mittäter ersten Ranges – T.s Chemical Ali. Andererseits, weil sich viele nicht trauten, ihren Furor direkt am Chef auszulassen. So richtig Revolution machten Journalisten immer erst dann, wenn sie einen neuen Job auf sicher hatten.

Wann hatte er überhaupt zum letzten Mal geschwänzt? Vermutlich mit fünfzehn, als ihr Mathematiklehrer am Schluss der Lektion für den nächsten Morgen eine Trigonometrie-Prüfung ankündigte. «Zwahlen = G. A. O. A. T.», hatte Doppelhuber daraufhin mit seinem Taschenmesser in die Schulbank geritzt. G. A. O. A. T. stand für *Greatest Arschloch of All Time*. Das waren noch Zeiten, als die Welt so harmlos und überschaubar war, dass ein ranziger Lehrer das Äußerste an Arschlochhaftigkeit darstellte, was man sich vorstellen konnte!

Das waren noch Zeiten, als man mit Schwänzen seine Lage verbesserte! Er aber musste jetzt da hoch und als Erstes herausfinden, wer entlassen worden war. Würde die Redaktion merken, dass er Mister Ahnungslos war, dann konnte er fortan mit Pappnase zur Arbeit erscheinen. Er stieg in den Lift. 1, 2, 3, 4 … Mit pochendem Herzen starrte er auf die Anzeige. Als sich die Tür zum fünften Stock öffnete, stand T. vor ihm – offensichtlich in Eile, offensichtlich bester Laune. «Bin am frühen Abend wieder zurück. Wenn was ist, erreichst du mich übers Handy.» Er grinste und schob sich an ihm vorbei in den Lift.

Er war zu perplex, um etwas zu erwidern. Die Tür schloss sich. Im letzten Moment drückte er auf den Knopf. Die Tür ging wieder auf. T. blickte ihn milde interessiert an, wie Hausärzte am Schluss der Sprechstunde einen Patienten anblicken, der sagt: «Eine Frage hätte ich noch.» Er stammelte: «Ich bin gerade dem Wirtschaftskolumnisten begegnet.»

T. verzog das Gesicht, als hätte er in eine Zitrone gebissen. «Hart, ich weiß, ich weiß.»

«Wieso hast du nicht …»

«Ich muss jetzt wirklich. Wenn es dringend ist, dann begleite mich doch zum Parkplatz.»

Wie eine Hofschranze tippelte er neben T. her, während dieser durch die Empfangshalle stampfte. Er wollte ihm klarmachen, wie irritiert er über dieses eigenmächtige Vorgehen war, sah aber ein, dass es der falsche Zeitpunkt war. Also sagte er mit sarkastischem Unterton: «Könntest du mir ein kurzes Update geben, wen wir heute alles entlassen haben? Einfach für den Fall, dass Anfragen von Medienjournalisten oder der Journalistengewerkschaft kommen.» T., der taub schien für Untertöne, sagte nur: «Sämtliche Anfragen an mich weiterleiten.» Der Portier schnellte von seinem Stuhl hoch und hielt ihnen die Tür auf. Für ihn allein tat er das nie. Er musste an seiner Vorgesetzten-Aura arbeiten.

Sie gingen weiter Richtung Parkplatz, er immer einen halben Schritt hinter T. Erstaunlich, wie flink dieser war. Dabei sah seine untersetzte, würfelhafte Gestalt so gar nicht nach Sport aus. Außer nach Ringen natürlich.

«Und wer wurde nun entlassen?», fragte er leicht außer Atem.

T. tauchte aus seinen Gedanken auf und blickte ihn grimmig an: «Hatten wir das nicht gemeinsam festgelegt? Natürlich exakt jene sieben, die du abgesegnet hast.» Dann freundlicher: «Du siehst, ich mache immer, was du sagst.»

Die Bemerkung machte ihn so baff, dass er beinahe gestolpert wäre. «Aber du sagst nicht immer, was du machst», brachte er schließlich heraus.

T. blieb stehen und kniff die Augen zusammen. Offensichtlich war es vorbei mit der guten Laune. «Du hast mir bei unserem Mittagessen zu verstehen gegeben, dass es dein Feingefühl nicht zulässt, die von mir zum Wohl dieser Zeitung beschlossenen Restrukturierungsmaßnahmen mitzutragen. Es wird allmählich Zeit, dass du dich entscheidest: Mitreden und sich gleichzeitig vor der Verantwortung drücken, das geht nicht.»

Grußlos stieg er in einen potthässlichen BMW, Modell 530 d, Gold métallisé. War das nicht exakt jene Karre, die der Autokolumnist vor einigen Monaten in den Himmel gelobt und als «Chefsekretärin auf Rädern» bezeichnet hatte? T. hatte zu ziemlich jedem Thema eine klare Meinung. Aber in Stilfragen schien er so verloren wie ein TUI-Tourist, der in Kalkutta ausgesetzt wird.

Zum zweiten Mal an diesem Morgen ging er durch die Eingangshalle des Pressehauses. Diesmal mit einem *noch* schlechteren Gefühl. T. schien nie das zu tun oder zu sagen, was man erwartete. Und er fühlte sich jedes Mal überrumpelt. Wie dieser Typ soeben die offensichtlichen Fakten in ihr Gegenteil verkehrt hatte! Und wie hatte er sich gewehrt? Gar nicht. Reglos hatte er dagestanden und der davonfahrenden Pralinenschachtel nachgestiert.

Und nun hinauf zum Jüngsten Gericht, wo er die Wahl hatte, entweder auf Chefetage oder Erste-Mai-Kundgebung zu machen. Blöd nur, dass er sich an beiden Orten nicht richtig zu Hause fühlte. Weder grundsätzlich noch in diesem konkreten Fall. Er verstand, dass sich die Zeitung ändern musste, um die nächsten Jahre zu überleben. Das Altbackene, Monokelhafte musste weg. Ebenso der Sozis-im-karierten-Hemd-debattieren-in-der-Pizzeria-Mief. Wer trug im 21. Jahrhundert schon Monokel? Und wer trachtete noch danach, die Überwindung des Kapitalismus voranzutreiben? Gleichzeitig sagte ihm sein Gefühl, dass es übertrieben, unnötig, unfair war, sieben Mitarbeiter auf die Straße zu stellen. Eine andere Lösung wäre möglich gewesen, wenn T. gewollt hätte.

Er müsse sich entscheiden, wo er hingehöre, hatte sein Chef gemeint. Aber vielleicht funktionierte die Pointe genau andersrum? Vielleicht war es einfacher, sich festzulegen, als Ambivalenz auszuhalten? Vielleicht war der Wunsch nach Eindeutigkeit etwas für die Unsicheren und Anlehnungsbedürftigen, während die Starken und Mutigen zwischen Stuhl und Bank Platz nahmen? – Ach was. Alles nur Schöngerede.

Das Großraumbüro war leer. Vorsichtig, als lägen überall Tellerminen herum, ging er auf seine Kaderecke zu. Aus dem Kaffeeraum drangen Stimmen. Sollte er den Umweg entlang der Fensterfront wählen, damit man ihn nicht sehen konnte? Einfältiger Gedanke. Also stramm geradeaus. Aber wie sich verhalten, wenn er auf Höhe des Kaffeeraums war? Durch die Glastür hineinwinken? Hätte zynisch gewirkt. Aufs Handy starren, als habe er gerade eine Kurznachricht empfangen? Unglaubwürdig.

In einem Anflug von Heroismus stieß er die Tür auf und betrat den überfüllten Raum. Es wurde so rasch still, als sei Herbert von K. ans Dirigentenpult getreten. Mit fester Stimme sagte er: «Ich weiß, das ist ein überaus unschöner Tag für diese Zeitung. T. wird am frühen Abend in die Redaktion zurückkehren. Bis dahin stehe ich für Fragen zur Verfügung.»

Stühle knarrten. Jemand hüstelte. Rauch wurde scharf ausgeblasen. Einer der Produzenten, den alle den Metzgermeister nannten, weil er, wenn man ihm nicht auf die Finger schaute, Texte mit so viel Feingefühl behandelte, als würde er das Hackbeil schwingen, der Metzgermeister also schneuzte sich ausgiebig. Dann sagte er tonlos: «Hat es euch wenigstens Spaß gemacht?»

Wichser, dachte er. Und sagte: «Nein, im Gegenteil.»

«Warum habt ihr es dann getan?»

Er wusste nicht, ob er sich freuen oder ärgern sollte, dass der Metzgermeister konsequent den Plural verwendete. Der Entscheid zum Stellenabbau war so gemeinschaftlich zustande gekommen wie ehedem Wirtschaftsverträge zwischen Kuba und der Sowjetunion. Gleichzeitig bedeutete das «ihr», dass man ihn halbwegs ernst nahm. «Weil die Quartalszahlen schwach und die Prognosen düster sind, weil sich die Inseratenflaute zum Dauerzustand entwickelt, weil diese Zeitung jedes Jahr über eine Million verbrennt», hörte er sich sagen. Jetzt, wo er das so aussprach, kam ihm die Begründung plausibel vor.

«Geht es wirklich ums Geld?», rief der Auslandchef erregt. «Es kursieren Gerüchte, dass Jean Roemer als Investor bei unserem Verlag einsteigen soll.»

Interessante Spekulation, dachte er. Und sagte: «Ich wäre mehrfacher Pulitzerpreisträger, wenn all die Gerüchte, die *mir* zu Ohren gekommen sind, wahr gewesen wären.»

Die Bildchefin hob schüchtern die Hand. «Nach welchen Kriterien sind die Kündigungen erfolgt?»

Gute Frage, dachte er und wollte etwas Ausweichendes antworten, vorzugsweise unter Inanspruchnahme von Vokabeln wie «vertraulich» und «Persönlichkeitsschutz».

Der Auslandchef kam ihm zuvor: «Das braucht er uns nicht zu erklären. Ist doch offensichtlich!»

«Vielleicht möchtest du dein imponierendes Insiderwissen mit den anderen teilen?», sagte er, erstmals leicht genervt.

«Heute wurde sieben Kollegen entlassen, die ausnahmslos für engagierten, kritischen und weltoffenen Journalismus stehen. Wer das für Zufall hält, ist entweder naiv oder zynisch.»

Unter Bravo-Rufen und Tischklopfen stand der Auslandchef auf und verließ den Raum. Andere folgten ihm. Jemand krächzte: «Ich geh mir jetzt die Lampe füllen.» Allgemeines Gelächter. Achtlos, als sei er ein $H_2O$-Molekül, drängten sich die Anwesenden an ihm vorbei.

Geknickt schlurfte er an seinen Platz. Es ging ihm alles

Mögliche durch den Kopf. Auch Dinge, die dort momentan nichts zu suchen hatten. Gedanken ließen sich nun mal schlecht redigieren. Zum Beispiel, dass er Karina eine Antwort schuldete, ob er mit ihr in die Skiferien fahren würde. Kein günstiger Moment für Ferien, einerseits. Der perfekte Moment, andererseits. Auf Tauchstation in die Berge! Noch lieber allerdings wäre er mit Doppelhuber in die Wärme geflogen. Aber wenn er das tat, würde Karina ein paar virile Jugo-Kollegen damit beauftragen, ihm die Kniescheiben zu zertrümmern. Wo war eigentlich sein neuer bester Freund, der Literaturchef? Ihn sowie einen jüngeren Kollegen aus dem Inlandressort hatte er im Kaffeeraum gar nicht gesehen. Vielen Dank für die Unterstützung.

Er ließ sich auf seinen Bürostuhl plumpsen und drehte sich ein paarmal im Kreis herum. Er war jetzt in Jim-Morrison-Stimmung. Eine süßsaure Mischung aus existentieller Traurigkeit, Pathos und Larmoyanz. Die Worte des Auslandchefs hallten nach: *Kollegen, die für engagierten, kritischen und weltoffenen Journalismus stehen.* «Engagiert». «Weltoffen». Auch wenn ihm die ewig gleichen Formulierungen aus dem rot-grünen Sprachknigge auf den Geist gingen – dieses hautfreundliche Babypudervokabular, diese verbale Postkartenidylle, diese kanonisierte Korrektheit: Hatte der mürrische Kollege etwas erkannt, das ihm entgangen war? Waren nicht die sieben schlechtesten, sondern die sieben am weitesten links stehenden Journalisten entlassen worden? T., ein kleiner Mao, der das Blatt einer konservativen Kulturrevolution unterzog?

Einiges sprach dagegen. Zuallererst natürlich, dass der Auslandchef und Gerda Müller nach wie vor auf der Redaktion arbeiteten. Oder dass die Entlassenen nun mal keine gefeierten Federn waren. Der Sportredaktor beispielsweise schrieb ambitionslose Artikel, die sich nur wenig von dem abhoben, was man, gedruckt oder online, täglich dutzendfach vorgesetzt bekam. Diese Art von Journalismus reichte einfach nicht mehr, wenn man für eine Wochenzeitung arbeitete, die sich gegen immer neue, immer schnellere und häufig gratis erhältliche Konkurrenz zu behaupten hatte. Ein solches Verdikt hatte doch nichts mit dem Umstand zu tun, dass der Sportredaktor überzeugter Sozi war!

Er stieß sich mit dem Fuß vom Pult ab und schaffte zweieinhalb Umdrehungen. Oder vielleicht auf eine perverse Art doch? Konnte es sein, dass die politische Einstellung der Geschassten weniger die Ursache für die Entlassungen war als ein Symptom? Dass eine stramm linke Position zu Beginn des 21. Jahrhunderts ein Indiz für intellektuelle Verschnarchtheit oder zumindest Bravheit war? Für Unwillen oder Unvermögen, sich mit der Welt von heute auseinanderzusetzen, die so anders war als die Welt von vor zehn, fünfzehn Jahren?

War es feministisch oder antimuslimisch, wenn man die Verschleierung von Frauen ablehnte? War es fremdenfeindlich, wenn eine einheimische Familie von einem Quartier mit hohem Ausländeranteil, in dem es fast niemand ans Gymnasium schaffte, in ein Quartier mit tiefem Ausländerteil, in dem es fast alle ans Gymnasium schafften, umzog? Wer hatte die Völkerverbrecher vom Balkan gestoppt: europäische Diplomaten und Friedensdemonstranten? Weder noch. Es waren amerikanische Bomben. Wie konnte man da noch Pazifist aus Prinzip sein? Konnte man überhaupt noch irgendetwas aus Prinzip sein? Oder galt es im Zeitalter der einstürzenden Gewissheiten nicht eher, sich immer wieder neu den zahllosen Einzelfällen und Ausnahmen zu stellen?

So viel stand fest: Mit Kollegen wie dem Sportredaktor oder dem Wirtschaftskolumnisten über die kontroversen Themen der Zeit zu diskutieren, machte keinen Spaß. Ebenso gut konnte man einer Tonbandaufnahme aus den siebziger Jahren lauschen. Aber wenn diese Linkstraditionalisten verschnarcht waren, was waren dann die Kuhglocken-Rechten, deren Gebimmel lautstark durchs Land schallte? Grenzdebile? Darüber mochte er sich nicht auch noch Gedanken machen. Seine Laune war schon schlecht genug.

Stattdessen öffnete er eine Schublade seines Pults und nahm eine VHS-Kassette hervor. Einen Moment lang betrachtete er die vergilbte Hülle liebevoll wie ein Philatelist eine Blaue Mauritius. Dann schob er die Kassette in den Videorekorder, setzte sich wieder auf den Bürostuhl und legte die Füße auf den Tisch. Auf dem Bildschirm erschien in selbstgeklebten Buchstaben die Überschrift: «Arminia forever – Rückschau auf die Spielzeit 1998/99.» Das Abschiedsgeschenk seiner Studienfreunde zeigte die Highlights aus der unvergessenen Aufstiegssaison – etwa das 5:0 gegen Tabellenführer Ulm (Doppelpack Labbadia) und natürlich das 5:3 in Köln mit anschließender Meisterfeier (Doppelpack Labbadia).

«Störe ich?»

Er zuckte zusammen und nahm die Füße vom Tisch. Gerda Müller sah ihn amüsiert an. «Ähm, nein. Ich habe gerade über Claus Offes Schlüsselwerk *Strukturprobleme des kapitalistischen Staates* nachgedacht. Der Fernseher läuft zur Tarnung.»

Gerda Müller lachte. «Ja, ja. Die Marxisten laufen heutzutage in kurzen Hosen herum.»

Eine kleine Pause entstand, wie öfters zwischen ihnen. Nicht weil sie sich nichts zu sagen hatten. Sondern weil sie beide schüchterne Wesen waren, die gelernt hatten, unter den Forschen und Lauten zu bestehen. Traf man auf seinesgleichen, gab es keinen Grund mehr, sich zu verstellen.

«Ich wollte nur rasch sagen: Gut, dass du vor die Redaktion getreten bist. Das hätte nicht jeder getan.»

Wann hatte zum letzten Mal jemand etwas so Nettes zu ihm gesagt? Fast hätte er feuchte Augen bekommen.

# 12

*«NIMM DEIN' KOCHLÖFFEL UND KOCH MIR ENDLICH HUMMER, FOTZE! ICH FICK DEIN' ARSCH, WÄHREND DU KOCHST! WIE SIEHST DU EIGENTLICH AUS? GEH INS BAD UND MACH DICH HÜBSCH, DUMME NUTTE ...!»*

Damir hatte den Walkman auf Lautstärke 9 gedreht und räumte den Geschirrspüler aus. Als er eine Hand auf der Schulter spürte, ließ er vor Schreck beinahe ein Glas fallen. Er schob den Kopfhörer in den Nacken und drehte sich um: «Hä?»

Mohamed grinste. «Versuch's doch mal mit: Wie bitte? Nicht nur unsere Gäste würden es schätzen.»

Damir wurde rot. Er dachte an das Klassenfest, an dem er Sabrina zum ersten, einzigen und letzten Mal ein wenig nähergekommen war. Sie hatten ein paar Gummibärchen intus, Red Bull und Wodka, plauderten über dies und das. Ihre Oberschenkel berührten sich. Sabrina schien es nichts auszumachen. Sie erzählte ihm von einem Jungen aus der Parallelklasse, der ihr nachstelle. Megamühsam, überhaupt nicht ihr Typ. Zudem schweißele er. Gerade gestern habe er ihr eine SMS geschickt. Ob sie *Star Wars: Episode II* schauen komme. In dem Moment, als Damir «Ich liebe *Star Wars*!» ausrufen wollte, sagte sie: «Ich meine, wer will so einen Mist sehen?» Also sagte er stattdessen: «Scheiße, Mann, was für ein Mongo.» Sabrina sah ihn wie verwandelt an. «Scheiße. Arschloch.

Hurensohn. Könnt ihr eigentlich nicht normal reden?» – «Wer ‹ihr›?», fragte er kleinlaut zurück. – «Du und deine Ausländerfreunde.» Dann stand sie auf und ging.

«Was ist denn das für Musik, die du hörst?», fragte Mohamed.

«Gangsta Rap», antwortete Damir vorsichtig.

Mohamed runzelte die Stirn. «Und wovon singt dein Gangster?»

Damir zögerte. «Job. Freundin. Vom Leben allgemein.» Weil Mohamed nichts erwiderte, fügte er hinzu: «Der Sänger heißt Bushido. Nordafrikaner oder so.»

Sein Chef lächelte dünn. «Ein überaus gottesfürchtiger Bruder, wie der Name verrät.»

Damir ärgerte sich über den ironischen Unterton, sagte aber nichts.

Mohamed machte eine Geste, als ringe er mit sich: «Schau – der Mensch lebt nicht vom Brot allein. Ich würde nie so weit gehen wie jene Brüder, die behaupten, jede Art von Musik und Gesang sei Sünde. Der Prophet selbst hat doch gesagt: ‹Schmückt den Koran mit euren Stimmen›! Was jedoch außer Zweifel steht: Musik mit obszönen oder gotteslästerlichen Texten ist *haram*.»

Damir nickte. *Obszön.* Das Wort hatte er schon gehört, hätte jetzt aber nicht genau erklären können, was es bedeutete.

«Schau nicht so traurig!», sagte Mohamed väterlich. «Sobald wir eine Frau für dich gefunden haben, kannst du das Lied der Liebe so oft hören, wie du willst.»

Damir schwieg. Er nahm sich vor, auf seine Ausdrucksweise zu achten. Einmal mehr. Wie oft hatte er schon versucht, weniger «Scheiße» zu sagen? Verdammt schwierig, wenn man mit Leuten wie Henri abhing.

Ob das anderen auch so ging? Man wollte nett sein und sagte etwas Fieses. Man war mies drauf und lachte trotzdem mit. Man wollte nein sagen und sagte ja.

Als Mohamed ihn fragte, ob er nach der Schicht schon etwas vorhabe, schüttelte er wahrheitsgemäß den Kopf. Henri musste zu einer Hula-Hula-Familienfeier, Murat war für nichts mehr zu gebrauchen, seitdem er eine Freundin hatte, und auf Edin hatte er keine Lust.

«Komm doch mit zum Abendgebet», schlug Mohamed vor.

Das war jetzt so ziemlich das Gegenteil von dem, was er sich unter Spaß haben vorstellte. Vor allem an einem Freitag. Aber eben: Er murmelte «Okay.»

Daheim schlang er einen Döner aus dem New Point hinunter. Danach putzte er ausgiebig die Zähne, gleichzeitig durchsuchte er den Badezimmerschrank nach einer frischen Rasierklinge. Mohameds Rüffel kam ihm in den Sinn. Also ließ er das Rasieren bleiben. Henris Bruder hatte sowieso behauptet, Frauen würden auf Dreitagebärte stehen. Törne sie mehr an beim Küssen. Was sollte er überhaupt anziehen für seinen kleinen Ausflug? Scheiße, Mann, es war sicher vier Jahre her, seit er zum letzten Mal in einer Moschee gewesen war! Er entschied sich für das neue H&M-Hemd und die braunen Lederschuhe. Die ließen sich leichter abstreifen als die Nikes. Zudem stanken sie nicht so bestialisch.

Er fuhr mit seinem Breezer bis zur Endstation der Linie 31 und machte das kostbare Fahrrad mit zwei Ketten an der Rückseite des Billettautomaten fest (Junkiegegend). Die Moschee war noch schwieriger zu finden als die Shisha-Bar. Sie befand sich im Niemandsland zwischen Shoppingcenter und Ausfallstraße. Damir war es egal, dass Moscheen hierzulande keine Prachtbauten waren. Viele waren in Lagerhallen oder Gewerberäumen untergebracht und hatten nicht mal ein Minarett. Aber das hier war wirklich popelig. Ein baufälliges Häuschen mit zugenagelten Fenstern und einer verbeulten Metalltür. Erinnerte ihn irgendwie an das Durchgangsheim in Chiasso.

Er betrat eine Art Diele. Ein modriger Geruch schlug ihm entgegen. Von der Decke baumelte eine Glühbirne. Auf dem Boden lagen ausgetretene Herrenschuhe herum. An der Wand hing ein Blatt mit den Gebetszeiten, daneben eine Liste mit Namen. Die meisten klangen arabisch. In einem Gestell lagerten Teepackungen, 1,5-Liter-Flaschen mit Mineralwasser und irgendwelche exotischen Snacks. Neben dem Gestell befand sich eine Tür. Damir stieß sie vorsichtig auf.

Er blickte in einen neonbeleuchteten Raum von knapp vierzig Quadratmetern. Der Boden war mit einem gemusterten Teppich ausgelegt, der ziemlich versifft aussah. Zwei Afrikaner schauten misstrauisch zu ihm herüber. Was für Afrikaner waren das überhaupt? Sie waren dunkel wie eine Sonnenfinsternis, aber nicht so basketballmäßig groß wie Henri. Obwohl sie jung waren, trugen sie graue Stoffhosen und Windjacken. Landeier-Style.

In einer Ecke stand eine Gruppe Männer von hellerer Hautfarbe. Mohamed war auch dabei. «Da bist du ja!» Er breitete die Arme aus und winkte Damir zu sich.

«War nicht einfach, diesen Ort zu finden», sagte Damir. Es klang wie eine Entschuldigung.

«Ich weiß», lächelte Mohamed. «Sie verbannen unsere Gotteshäuser in die hintersten Winkel ihrer Städte, während sie selbst in Palästen beten. Das nennt sich Religionsfreiheit.»

Hat was, dachte Damir. Als sie ganz neu in der Stadt waren – Status N, kein Wort Deutsch –, kümmerte sich ein katholischer Verein um sie. Die Leiterin nahm ihn ein paar Mal mit zum Jugendgottesdienst. Ihm hatte es gefallen. Die mächtige Kirchenkuppel, die farbigen Fenster, der Orgelsound, die Kerzen, der Nippes-Schnickschnack. Nur von dem Weihrauch, mit dem der Pfarrer herumwedelte, wäre ihm beinahe schlecht geworden. Nach dem zweiten oder dritten Mal verbot ihm seine Mutter, weiter hinzugehen.

Mohamed sah auf die Uhr. «Lass uns das Wudu verrichten.»

Damir nickte, obwohl er nicht sicher war, was damit gemeint war. Zum Glück fügte Mohamed an: «Wir müssen die Toilette benützen. In dieser schäbigen Baracke hat es nicht mal Platz für einen Waschraum.»

Damir stellte sich mit Mohamed in die Reihe. Wie ging der Ablauf schon wieder? Einmal mehr erriet Mohamed seine Gedanken. Er zwinkerte ihm zu und sagte: «Bekanntlich hat uns der Prophet einfach zu merkende Anweisungen gegeben: ‹Wenn ihr euch zum Gebet aufstellt, dann wascht euch das Gesicht und die Hände bis zu den Ellenbogen und streicht euch über den Kopf und die Füße bis zu den Knöcheln.›»

Als sie fertig waren, kehrten sie in den Gebetsraum zurück. Dort war es mittlerweile so voll wie samstagnachts im OXA. Fehlte nur noch die Lichtshow. Irgendwie hatte die Stimmung etwas Feierliches. Mohameds Kollegen trugen frischgebügelte weiße Hemden. Es roch nach süßem Parfüm. Damir sah viele heitere Gesichter. Er erinnerte sich, dass auch er als Junge gerne in die Moschee gegangen war. Auf dem Weg hatte sich sein Vater immer eingehend mit ihm unterhalten. Er war aufmerksamer als sonst, behandelte ihn wie einen Erwachsenen. Dann kam der Scheißkrieg und der Scheißabend, an dem seine Mutter verschwand.

Der Imam kramte eine Taschenuhr hervor und blickte unter der Brille hindurch aufs Zifferblatt. Nach einigen Sekunden steckte er die Uhr wieder ein, räusperte sich und begann zu beten. Mohamed nahm Damir sanft am Arm und führte ihn in den hinteren Teil des Gebetsraums. Schwein gehabt, dachte Damir. Schwein? Fast hätte er losgekichert.

«Es ist ein bisschen wie beim Aerobic», flüsterte Mohamed. «Einfach nachmachen, was der zuvorderst macht.»

Er wusste zwar nicht, was Aerobic war, sah aber, wie der Imam die Arme bis zu den Ohren hob und tat es ihm gleich.

«*Allāhu akbar*», sagte der Imam.

«*Allāhu akbar*», nuschelte Damir.

Wenn sein Cousin das sähe!, dachte er. Wieder musste er ein Grinsen unterdrücken.

«Du darfst Gott jetzt um die Erfüllung eines persönlichen Wunsches bitten», flüsterte Mohamed ihm zu.

Damir zögerte einen Moment. «Geht auch etwas für meine Mutter?»

Mohamed legte ihm eine Hand auf die Schulter und nickte beifällig.

Nach einigen Minuten begannen Damirs Oberschenkel zu schmerzen. Das ständige Wechseln der Position – Stehen, Verbeugen, Stehen, Niederknien, Sichaufrichten – machte ihm zu schaffen. Er erinnerte sich, dass das Prozedere mehrmals wiederholt wurde. Hoffentlich würde er bis zum Schluss durchhalten. Sonst hieß es noch: Der Bosnier ist zu fett zum Beten. Damir al-Schlappi! Er musste aufpassen, dass er nicht losprustete.

*«Aschhadu an lā ilāha illā'llāh.»* Die Stimme des Imam wurde eindringlicher. Damir fuhr zusammen und schielte zu Mohamed hinüber. Zum Glück hatte der nichts von seinem kleinen Aussetzer gemerkt. Trotzdem bekam er ein schlechtes Gewissen. Eben noch hatte er für seine Mutter gebetet. Dass es ihr bald besserging. Dass das, was in dem Brief stand, nicht stimmte. Und nun hatte er bereits wieder nur Scheiß im Kopf. Wie konnte Gott, falls es einen gab, seine Bitte ernst nehmen? Es tat ihm so leid.

*«Assalamu Alaikum.»*

Die Betenden, die nun auf den Knien saßen, drehten ihre Köpfe nach rechts, dann nach links. Für einmal war Damir ziemlich im Takt.

Danach erhoben sich alle. Mohameds Freunde kamen auf ihn zu und umarmten ihn, einer nach dem anderen. Er empfand zugleich Befremden und ein unerklärliches Gefühl von Glück.

# 13

Doppelhuber rülpste in sich hinein.

«Du klingst wie ein verstopfter Geysir», sagte sein Freund halb angewidert, halb belustigt.

«Und du nörgelst fast so viel an mir herum wie meine Mutter.» Wieder entwich ein glucksendes Geräusch seinem voluminösen Leib.

«Heißt dein Lebensmotto neuerdings: Schweppes statt Schwips?»

Doppelhuber fuhr sich mit dem Handrücken über die Nase, unterließ es aber, den Rotz hochzuziehen. Er wollte den Freund, der heute etwas angespannt schien, nicht zusätzlich reizen. «Mein Hausarzt hat mich zusammengestaucht. Falls ich meinen vierzigsten Geburtstag erleben wolle, solle ich es mit etwas mehr Bewegung und weniger Alkohol versuchen.»

«Das hat er wirklich gesagt?»

«Ein Exil-Tscheche. Ich glaube, er verübelt mir meine unverbrüchliche Zuneigung zum russischen Volk. Magst du einen Schluck Sekt? Es gibt etwas zu feiern.»

Ohne eine Antwort abzuwarten, bestellte Doppelhuber zwei Gläser Roederer Cristal, was in Anbetracht der Preise dieser Fünf-Sterne-Hotelbar dem Tagesumsatz einer Quartierbuchhandlung entsprach.

«Und aus welchem Ressort stammt deine Erfolgsmeldung, Geschäft oder Liebe?»

«Die Liebe zum Geschäft. Dank meiner interkulturellen Kompetenz ist ein Sieben-Millionen-Deal zwischen einem hiesigen Glasfaserhersteller und einer Firma für Medizintechnik in Kaluga zustande gekommen.»

«Gratuliere. In meiner Branche geht es bei Summen dieser Größenordnung meist um Abschreiber.»

Doppelhuber nickte mitfühlend. «Ich sag immer: Zeitungsjournalismus ist eine Mischung aus Folklore und öffentlichem Gut. Darum bin ich für staatliche Presseförderung. Alpweiden werden schließlich auch subventioniert.»

Der Barkeeper schenkte den Champagner ein und stellte eine Schale Rauchmandeln auf die Theke. Mit seinem scharfgeschnittenen Gesicht, den Koteletten und der angedeuteten Tolle sah er aus wie der Darsteller in einem Jim-Jarmusch-Film. Doppelhuber blickte ihn an, als hätte er eine entsicherte Handgranate hingelegt. Er schob die Rauchmandeln energisch weg und hob sein Glas. *«Nastrovje!»*

«Auf deine Geschäfte.»

«Und den Fortbestand deiner Alpweide.»

Er rang sich ein Lächeln ab, während Doppelhuber den Champagner hinunterkippte, als handle es sich um Wodka.

«Wir trinken übrigens Champagner, nicht Wodka.»

«Danke, Mami.»

«Gern geschehen, Georg.»

Doppelhuber hasste es, wenn man ihn mit dem Vornamen ansprach. Er kündigte seit Jahren an, dass er die Eltern verklagen und seinen Namen beim Gemeindeamt auf Juri, die slawische Entsprechung, abändern lassen werde.

«Du warst noch nie der größte Lachsack *in town*. Aber heute Abend …» Doppelhuber lehnte sich über die Theke und griff in die Schale mit den Rauchmandeln. Schmatzend fuhr er fort: «Geschäft oder Liebe – woran liegt's?»

«Geschäft essen Seele auf.»

«Mein Großvater war Handelsvertreter. Bei ihm hieß es noch: Geschäft essen Sohle auf.»

«Es lebe der Postmaterialismus.»

Doppelhuber, der von einem für ihn ungewöhnlichen Stimmungsumschwung übermannt wurde, schnaufte genervt. «Schau, wenn du etwas auf dem Herzen hast, können wir gerne darüber reden. Aber ich habe keine Lust, dir jedes Wort aus der Nase zu ziehen. Wir sind hier nicht im Französischunterricht und besprechen *Lettres de mon Moulin*.» Dann im Kommandoton zum Barmann gewandt: «Einen Wodka. Beluga.»

Der Barmann hob interessiert die Augenbraue. «Gold Line?»

«*Kaneschno*.»

«Der Herr spricht Russisch?»

«*Kaneschno*.»

Es war nicht seine Art, sich widerstandslos abkanzeln zu lassen. Aber im Moment hatte er keine Energie zum Streiten. Er brauchte einen Verbündeten. Also holte er tief Luft und sagte: «Vor unserem Redaktionsgebäude haben sich Demonstranten mit Regenbogenfahnen versammelt. Sie rufen jedem, der vorbeigeht, ‹Kriegstreiber› hinterher. Meine Handynummer musste ich bereits wechseln, wie du weißt. Und nun bekomme ich auch noch Drohbriefe nach Hause geschickt …»

«Totalitäre Arschlöcher! Feige Schweine!», tobte Doppelhuber.

«… während T. und seine Hofschranzen den ganzen Tag vor dem Fernseher sitzen und den Vormarsch der Amis auf Bagdad kommentieren, als handle es sich um ein Fußballmatch. Sie sind richtiggehend erregt. Freudig erregt! Sie wissen sogar, wie die Helme der amerikanischen Infanteristen heißen. PASGT. *Personnel Armor System for Ground Troops Helmets.* Sie benehmen sich, als würden sie am liebsten selbst in den Häuserkampf ziehen. In was für einem Irrenhaus bin ich …»

*«Point taken.»*

«Fasse ich mich kurz, stauchst du mich zusammen. Hole ich etwas aus, ist es auch nicht recht.»

*«Point taken.»*

Die Lässigkeit, mit der Doppelhuber einzulenken bereit war, wenn er zum Schluss kam, dass er falschlag, diese an Überheblichkeit grenzende Souveränität, ging ihm bisweilen an die Laune. Er war sich bewusst, dass das eine kleinliche, ihrer Freundschaft unwürdige Reaktion war, wodurch sich seine Laune nur weiter verschlechterte, was wiederum den Groll auf die imponierende menschliche Reife seines Freundes anstachelte … Zum Kellner gewandt: «Kann ich auch so einen haben?»

Doppelhuber: «Zwei, bitte.»

«Auf deinen Vierzigsten.»

«Deine Witze waren auch schon charmanter.»

«Sorry.» So gelassen wie bei Doppelhuber klang die Entschuldigung allerdings nicht.

«Zugegeben, die wöchentlichen Huldigungen deines Chefs an die Bush-Regierung sind ein wenig kurios. Aber darum geht es doch: Stellung zu beziehen. Für den Rest gibt es die *Tagesschau*.»

«Heute wird doch pausenlos und flächendeckend Stellung bezogen. Ich finde, es gibt im Journalismus zu viel Meinung und zu wenig Haltung. Wie hieß das bei Ingeborg Bachmann? Meinungslos Meinungen vertretend?»

Doppelhuber schwieg.

«Auf das Risiko hin, dass ich mich wiederhole: Ich fühle mich wie im Stadion. Celtic gegen Rangers. Dortmund gegen Schalke. Washington gegen Bagdad. Olé, olé, olé! Seit dieser Kackkrieg los ist, scheint Rechthaben zur neuen Freizeitbeschäftigung geworden zu sein. Paintball mit Worten. Das Einzige, was man riskiert, sind ein paar Farbspritzer.» Zum Barmann gewandt: «Noch einen, bitte.»

Doppelhuber: «Zwei.»

«Auf unsere Freundschaft! Auf die Segnungen der Glasfasertechnologie! Auf meine mazedonische Elfe! Auf Arminia Bielefeld! Und den Beginn der Sommerzeit!»

Doppelhuber: «Und die Neutralität!»

«Wie meinst du das?»

«Hast du nicht soeben diesem hehren, von unserem Land erfolgreich praktizierten Prinzip das Wort geredet? Mischet euch nicht in fremde Händel.»

Er spürte, wie der Zorn in ihm hochstieg. Gleichzeitig wusste er: Alkohol und Streiten, das war keine gute Kombination. Einige Sekunden lang rangen Vernunft und Zorn miteinander, ehe der Zorn obenauf schwang.

«Das glaub ich jetzt nicht! Nur weil ich mich weigere, so zu tun, als hänge das Wohl des Westens wie auch des irakischen Volks von meiner persönlichen Meinung ab, muss ich mich von dir als Opportunist anpflaumen lassen?»

Doppelhuber, der aufrichtig erschrocken schien, stammelte: «Ich wollte dich nicht ... aber es ist doch interessant – manchmal ist eine neutrale Haltung ...»

«ICH BIN NICHT NEUTRAL, VERDAMMINOMAL.» Er schlug mit der Faust so hart auf die Theke, dass der vor sich hin dämmernde Greis im Smoking am anderen Ende der Bar zusammenzuckte und der Jim-Jarmusch-Kellner ihnen einen irritierten Blick zuwarf. «Hiermit versichere ich bei der Ehre meiner verstorbenen Mutter, dass ich Saddam Hussein für einen üblen Diktator halte und die friedensbewegten Saddam-Verharmloser zum Kotzen finde. Ist dir das parteiisch genug?»

«Darum geht es doch n…»

«Dummerweise bin ich trotzdem nicht so sicher, ob dieser Krieg eine gute Idee ist. Und die vor Altruismus triefende Begründung – es gelte, ein die internationale Terroristenszene dirigierendes, den Weltfrieden gefährdendes, Superwaffen besitzendes Supermonster zu erlegen – überzeugt mich jetzt auch nicht restlos. Ich bekenne, dass ich hin- und hergerissen bin. Einer wie du hält das vielleicht für ein Zeichen von Charakterschwäche. Als Unternehmer bist du bekanntlich der Maxime des Handelns verpflichtet. Zaudern und abwägen hingegen …»

«Also, komm, ganz so einfach gestrickt bin ich …»

Er ignorierte Doppelhuber und drehte sich zum Barkeeper: «Noch einmal dasselbe, bitte.»

«Ich glaube, du hast genug getrunken.»

Er machte eine unwirsche Bewegung. «Vielleicht bin ich ein Meinungsschlappschwanz. Das ist ein Kollateralschaden, den ich bereit bin hinzunehmen. Denken bedeutet nun mal differenzieren. Im wahren Leben verhalten sich die Dinge nicht so simpel wie in einem Trivialroman. Und ich betrachte es nicht als die Aufgabe von Journalisten, alles Widersprüchliche und Uneindeutige auf der Welt so weit zu vereinfachen, bis jeder Idiot Partei für oder gegen irgendwas ergreifen kann. Und wehe, du sagst nochmals ‹*point taken*›.»

Doppelhuber hob resigniert die Hand. «Ich glaube, wir

sind beide etwas überarbeitet.» Sein rechtes Augenlid zuckte. Ein Zeichen, dass er aufgewühlt war. Wie damals im dritten Jahr am Gymnasium, als ihn Steffi vor versammelter Klasse bezichtigt hatte, er habe sie begrapscht. Eine falsche Anschuldigung, wie sich herausstellte. Die Empörungsfraktion, allen voran Heidi, hinderte das nicht, ihn fortan als Paria zu behandeln.

Doppelhuber leerte den letzten Tropfen Wodka. Dann räusperte er sich. «Ich fliege nächste Woche für ein paar Tage nach Kreta. Komm doch mit!»

«Das würde ich gern. Leider habe ich Karina versprochen, dass wir zusammen in die Berge fahren.»

«Verstehe. Wenn du absagst, reist ihr Cousin aus Skopje an und zertrümmert dir die Kniescheiben.»

Erneut hieb er mit der Faust auf die Theke. Der Barkeeper gab ein paar sanfte Zischlaute von sich, als müsste er einen knurrenden Hund beruhigen. «Diese ewig gleichen Jugo-Scherze gehen mir langsam auf die Nerf'n!», lallte er.

Doppelhuber schnappte nach Luft. Mit hoher Stimme sagte er: «Ich lasse mich von dir nicht in die Rassistenecke drängen, nur weil du schlechte Laune hast und besoffen bist. Und wenn du dich nicht entscheiden kannst, ob du mit Karina zusammen sein willst, ist das ebenfalls nicht meine Schuld.» Er fetzte zwei Hunderternoten auf die Theke, stieg vom Barhocker und stampfte davon.

«Noch einen?», fragte der Barmann süffisant.

Er hätte Lust gehabt, diesem Möchtegern-Coolio mitzuteilen, dass er ihn für ein blasiertes kleines Arschloch hielt. Aber zum ersten Mal an diesem Abend funktionierte seine Selbstbeherrschung. Schade eigentlich. «Lieber einen doppelten Espresso. Gerne mit einem cremigen Schäumchen drauf.» Erschöpft legte er den Kopf auf die Theke. Es hatte Kraft gekostet, die Bestellung stolperfrei aufzugeben.

Es dauerte einen Moment, bis er aus seiner Schräglage heraus die beiden älteren Herren wahrnahm, die durch die Lobby zum Ausgang schritten. Der eine hatte einen bordeauxroten Seidenschal über die Schultern seines offenen Mantels gelegt, so dass er wie ein defilierender Kardinal aussah. Moment mal, war das nicht ihr Kolumnist und Vielleicht-Investor Jean Roemer? Auch das Gesicht des Begleiters kam ihm vage bekannt vor. Er beschloss, den beiden zu folgen. Ein bisschen frische Luft konnte ihm nur guttun.

# 14

Am Morgen desselben Tages.

«Äääääääää!! Äää'gg-gg-tatata…!» Karina fuhr zusammen. Sie war immer wieder überrascht, wie viel diese kleinen Dinger merkten. Erst ein paar Monate auf der Welt, keine achtzig Zentimeter groß, keine zehn Kilo schwer. Aber wehe, man schenkte ihnen nicht die gebührende Aufmerksamkeit. Sie nahm das schimpfende, sabbernde Wesen in den Arm und tätschelte ihm den Rücken. Ein Junge, Arian hieß er. Spezieller Name, dachte sie. Albanisch vielleicht. Oder Englisch? Auf alle Fälle konnte Arians Mutter kaum Deutsch (der Vater hatte sich noch nie in der Krippe gezeigt). Nach Kopftuchfrau sah sie allerdings nicht aus. Sie schminkte sich und trug Jeans. Die frigiden Halbschuhe mit den Goldschnallen wiederum passten nicht zu einem der englischsprechenden Luxusweibchen, von denen es im Viertel immer mehr gab.

«Ääää! Ääää'gg-gg-tatata…!» – Schon wieder ertappt. Sie war heute einfach nicht richtig bei der Sache. Es war ihr letzter Arbeitstag vor den Osterferien. Sie freute sich sehr. Gleichzeitig war sie nervös. Was das für ein Aufwand gewesen war, bis sie ihren Lieblingsreporter so weit hatte, dass er mit ihr in die Berge fuhr! Ihre letzten Ferien, Thailand, waren irgendwie schwierig gewesen. Kein Desaster, aber suboptimal, wie man so sagte. Am Hotel (Tipp von Zveti) hatte es nicht gelegen. Zimmer, Strand, Frühstücksbüffet, Wellness – alles tipptopp. Vermutlich war es einfach kein günstiger Zeitpunkt gewesen, so kurz bevor er mit dem neuen Job anfing.

Mitglied der Chefredaktion – sie war so stolz auf ihn! Aber eben: Er musste die ganze Zeit irgendwelche verkopften Bücher lesen. Von daher hätten sie genauso gut daheim bleiben und sich täglich in der Pestalozzibibliothek treffen können. Am Abend hatte er ständig mit Berufskollegen gesimst («Sorry, Schatz, bin gleich fertig»). Und natürlich mit seinem arroganten Kumpel. Manchmal fragte sie sich, wer hier die Freundin war: sie oder dieser Doppelhuber. Aber *waren* sie wirklich ein Paar? Genau deswegen war sie so angespannt. In diesen Ferien wollte sie endlich klare Verhältnisse schaffen. Im Prinzip war es abnormal, wie viel Geduld sie mit ihm gehabt hatte. «Es muss Liebe sein, so wie du dich hinhalten lässt», hatte ihre Schwester gespottet.

«Ääääääää…!»

«Psch-psch-psch», machte Karina und steckte Arian einen Schnuller in den Mund. Mit wippenden Schritten trug sie ihn durch das Wickelzimmer. Sein Gesicht war von dem Wutanfall knallrot angelaufen. Zähflüssiger Schleim sickerte aus seiner Nase. In der Nackenfalte glitzerte ein Ekzem, auf das sie heute schon dreimal Salbe aufgetragen hatte. Nun, lieber Ausschlag als Durchfall.

Liebe? Ja, vielleicht. Sie hatte Männer gehabt, die besser aussahen (Drago), sportlicher waren (Milan) und besser im Bett (Kevin, Nino). Er würde natürlich ausflippen, wenn er wüsste, dass sie so dachte. Dabei waren ihr diese Dinge überhaupt nicht wichtig, ehrlich. Sie hatte sich in sein Hirn verliebt. Dieses sorgte dafür, dass sie sich in seiner Gegenwart nie langweilte, ganz viel lachte und ganz viel Spannendes lernte. Zum Beispiel wusste er besser Bescheid über den Jugoslawienkrieg als sie selbst. Dank ihm sah sie die Dinge nicht mehr so einseitig, konnte ihrem Vater Paroli bieten, wenn der wieder mal anfing, über Shqiptari und Mohammedaner zu schimpfen.

Auch merkte man, dass er reifer war als ihre Freunde bisher. Er hatte es nicht nötig, vor ihren Freundinnen anzugeben, und behandelte sogar ihre männlichen Kollegen nett. Wenn er etwas nicht wusste, zuckte er cool mit den Schultern und sagte: «Keine Ahnung», statt irgendeinen Seich zu behaupten. Nie gab er jemandem das Gefühl, etwas Besseres zu sein, nur weil er studiert hatte und megaviel verdiente. (Wie hoch sein Lohn genau war, wusste sie nicht, aber sicher neuntausend, vielleicht mehr.)

Sie vernahm ein leises Schnarchen. Arian war an ihrer Schulter eingeschlafen. Sehr gut, nun konnte sie ihn im Schlafzimmer parkieren und sich um andere Dinge kümmern. Der Kühlschrank musste dringend ausgemistet werden, bevor die Krippenleiterin aus der Weiterbildung zurückkam. Auch die E-Mail an die neue Praktikantin durfte sie nicht vergessen. Fatiana und Priscilla würden eine weitere Viertelstunde ohne sie auskommen müssen. Es waren ohnehin weniger Kinder auf der Gruppe als sonst, Norovirus sei Dank. Sie legte Arian in ein freies Bettchen und schlich aus dem Zimmer.

«Ääää! Äääää'gugghämm...!»

Karina seufzte und ging zurück. «Dann räumen wir den Kühlschrank eben zusammen aus, du kleiner Diktator.» Sie schnallte sich den Ergo-Carrier um und hob den plötzlich vergnügt brabbelnden Säugling hinein.

Eigentlich war es erstaunlich, wie gut er mit ihren Freunden konnte. Das stimmte sie hoffnungsvoll, dass es auch zwischen ihnen klappen würde. Gegensätze zogen sich bekanntlich an. Vermutlich gefiel ihm, dass ihre Leute nicht so verklemmt waren wie seine Intello-Bekannten. Umgekehrt allerdings lief es weniger gut: Sie *hasste* Doppelhuber – ein ungepflegter, ungehobelter und vor allem furchtbar selbstgefälliger Typ. Ebenso Bettina, die eidgenössisch diplomierte Chef-Emanze. Karina war sich sicher, dass die beiden mal etwas miteinander gehabt hatten. Für so eine Studi-Frau war sie bloß eine oberflächliche Jugo-Tussi. Einmal waren sie sich in der Badi begegnet. Bettina hatte nicht mal gegrüßt. Vielleicht sollte die sich einen Bikini kaufen, der ihre Zellulite nicht so betonte. Dann wäre ihre Laune besser. Und wie hieß der Lulatsch mit dem penetranten Baseldeutsch schon wieder, der ihr immer wie hypnotisiert in den Ausschnitt stierte? Irgendwer sollte ihm erklären, dass man mit Brüsten nicht flirten konnte.

Aber gut, sie war bereit, sich zu arrangieren. Das Leben war nun mal kein Wunschkonzert. Wenn er nur nicht so kompliziert wäre! Thailand: Ja, nein, vielleicht, reicht das Geld, ist das Hotel wirklich gut, muss man sich impfen lassen, ist das nicht die falsche Jahreszeit bla. Die neue Stelle: Das bin nicht ich, zu viele Sitzungen, in so einer Position kommt man nicht mehr zum Schreiben, keiner weiß, was mit dieser Zeitung passiert bla. Zusammenziehen: Bei mir ist es zu klein, du wohnst zu weit draußen, keine Zeit, um eine neue Wohnung zu suchen, so gut kennen wir uns noch gar nicht, ich bin nicht sicher, ob du meine Macken erträgst bla. Hey, Reporter: Entscheide dich, nimm das Heft in die Hand, sei ein Mann. *Majkata!*

Wenn sie zu Hause war, musste sie unbedingt daran denken, die Unterwäsche einzupacken, die ihr Zveti aus London mitgebracht hatte. Agent Provocateur, megateuer. Wie sagte doch ihre Mutter? Von nichts kommt nichts.

## 15

Er knüpfte im Gehen den Wollmantel zu. Affiges Teil, Modell Chefarzt oder Wirtschaftsanwalt, das er vor Jahren bei Peek & Cloppenburg gekauft hatte, um für die raren Momente gewappnet zu sein, in denen er sich unter Chefärzte und Wirtschaftsanwälte mischen musste. Die raren Momente hatten in letzter Zeit zugenommen. Das gehörte wohl zum Älterwerden. Wie Mundgeruch und ein haariger Rücken. Es sei denn, man machte keine Karriere. Dann winkten nur Mundgeruch und haariger Rücken.

Glücklicherweise hatten Jean Roemer und sein Kompagnon darauf verzichtet, in ein Taxi zu steigen, so dass er ihnen mühelos folgen konnte. Einer der Vorteile dieser Stadt war ihre überschaubare Größe. Selbst schwerreiche Senioren bewegten sich zu Fuß durchs Zentrum. Die beiden trotteten durch die Gasse, die vom Fünfsterne-Hotel in den ruhigen Teil der Altstadt führte. Oder besser: vom ruhigen in den totenstillen Teil der Altstadt, der aussah, als sei er von einem überehrgeizigen Schaufensterdekorateur hergerichtet worden. Zum Schnarchen perfekt.

Manchmal vermisste er Bielefeld. Das war zwar nicht das New York Europas und ohnehin kein Ausbund an urbanem Liebreiz. Das traf ganz besonders auf die Universität zu. Gäbe es eine Champions League der hässlichen Bauten, dann würde es diese Uni mindestens ins Halbfinale schaffen (und dort knapp gegen einen verstrahlten Getreidesilo aus Tschernobyl ausscheiden). Auf ihn aber übte das Unschmucke, Fahle,

Novemberhafte deutscher B-Städte einen eigenen Zauber aus. Es versetzte ihn in eine bittersüße, weltverlorene Stimmung. Ein Nouvelle-Vague-Film mit Currywurst. Seine Heimatstadt hingegen, dieser Tresor mit Seeanstoß, ließ ihn je länger je kälter.

Roemer und Mister X waren in eine Seitengasse gebogen. Er legte einen Zwischenspurt ein, um die beiden nicht aus den Augen zu verlieren. Sein Kopf dröhnte. Sport auf Wein, das lasse sein. Woher nur kannte er den anderen Typen? Von der Hotelbar aus hatte er sein Gesicht lediglich für zwei, drei Sekunden gesehen. Das Undurchdringliche, Lurchhafte hatte ihn unangenehm berührt.

Als er die Seitengasse erreichte, sah er gerade noch, wie die beiden in einem Hauseingang verschwanden. Hatte sich Roemer kurz nach ihm umgedreht? Unmöglich, dass er ihn erkannt hatte. Sie waren sich ein einziges Mal begegnet, vor Jahren. Unmöglich auch, dass sein Hinterherschleichen aufgefallen war. Wahrscheinlich drehten sich Menschen mit schwarzer Kreditkarte gewohnheitsmäßig auf der Straße um. Aus Schiss, entführt zu werden.

Er näherte sich dem Haus, einem historischen Gebäude mit geschnitztem Eingangsportal und bronzenem Türklopfer. Unschlüssig blieb er stehen. Durch das Milchglas im Erdgeschoss drang Licht. Er drückte sein Gesicht an eine Scheibe, konnte aber nichts erkennen. Einige Sekunden lang starrte er wie ein japanischer Tourist die Fassade hoch. Dann schlenderte er weiter.

Am Ende der Gasse stand ein ausgesprochen hässlicher Wagen im Parkverbot – ein goldener BMW Modell 530d. T.s Pralinenschachtel! Er machte abrupt kehrt und schritt auf das Gebäude zu. Kurz bevor er das Eingangsportal erreichte, versetzte ihm jemand einen harten Schlag auf den Hinterkopf.

Als er wieder zu sich kam, blickte er in das besorgte Gesicht Doppelhubers. «Wo bin ich?»

«In der Notaufnahme.»

«Und wer sind Sie?»

Doppelhuber sah ihn an, als würde er gleich losheulen.

«Kleiner Scherz, Georg.» Er lächelte aufmunternd.

«Sie wollen dir den Magen auspumpen – Alkoholvergiftung.»

Er blickte Doppelhuber entsetzt an.

«Kleiner Scherz, Mowgli», – sein Pfadfindername –, «du hast eine Gehirnerschütterung. Jemand hat dich niedergeschlagen. Wahrscheinlich ein Raubüberfall.»

«*Fuck*. Im Portemonnaie war meine Saisonkarte.»

«Vielleicht waren es Hooligans eines rivalisierenden Vereins?», murmelte Doppelhuber.

Er zwang sich, auf jegliche missbilligende Mimik zu verzichten. Stattdessen sagte er so ruhig wie möglich: «Weißt du, wie viele Arminia-Fans es in dieser Stadt gibt?»

«Da sich außer mir jeder männliche Erdenbewohner für diesen Deppensport zu begeistern scheint, schätze ich mal: zwischen drei Millionen und fünf Milliarden?»

«Drei bis fünf, das könnte etwa hinkommen. Großzügig gezählt.»

«Verstehe. Weil sich bei uns keine Sau für diesen Verein interessiert, kann es auch niemanden geben, der den einzigen Fan niederknüppeln will.»

Er ächzte zustimmend. Nach einer Pause fragte er: «Wieso bist eigentlich *du* hier? Und nicht Karina oder mein seniler Vater?»

«Die Dame, die dich gefunden hat, rief zuerst einen Krankenwagen. Dann wählte sie die letzte Nummer, die in deinem Handy gespeichert war.»

«Sagtest du nicht, ich sei ausgeraubt worden? Warum ist dann mein Handy noch da?»

Doppelhuber tätschelte nachdenklich sein Kinn. «Seht her: Ein Soziologe, der nicht nur schwurbeln, sondern auch logisch denken kann. Vielleicht hat dir die Gehirnerschütterung gutgetan.»

Er lächelte vorsichtig. «Sorry übrigens wegen vorhin.»

«*Ich* habe mich zu entschuldigen. Ich bin ein unsensibles Rhinozeros.»

«Mist.»

«Was?»

«Ich muss noch packen. Karina kommt mich morgen früh um acht mit dem Auto abholen.»

«Die näxten vieründzwanzig Stunden gehen Sie gaar nirgends hin, jünger Mann!»

Er hatte die Krankenschwester nicht bemerkt, die hereingekommen war. Sie hatte die Maße einer Kugelstoßerin, trug das Haar zu einem blumenbouquetgroßen Pferdeschwanz gebunden und sprach mit skandinavischem Akzent. Trotz ihres sympathischen Singsangs war irgendwie klar, dass es keine Widerrede gab. Das nannte man natürliche Autorität.

«Dürfte ich Sie bitten, mir meinen Mantel zu reichen, Schwester», säuselte er, «er hängt dort drüben an der Wand.»

Sie blickte ihn mitleidig an. «Das soll Ihr Freund mal machen. Danach kann er sich gleich von Ihnen verabschieden. Die Besuchszeit ist nämlich üm.» Sie notierte etwas auf dem Visitenbogen und verließ den Raum.

Die beiden blickten sich vielsagend an. Doppelhuber erhob sich schwerfällig und schlurfte zur Garderobe. «Hier. Ist dir kalt?»

«Nein. Ich möchte bloß meinen Pfefferspray in der Nähe haben. Für den Fall, dass Schwester Resoluzia in der Nacht romantische Gefühle entwickelt.» Er griff in die Innentasche, zog seine Brieftasche heraus und kontrollierte den Inhalt. Ausweise, Kreditkarte, Geld, Dauerkarte – alles da. Also definitiv kein Raubüberfall.

«Fehlt was?», fragte Doppelhuber.

«Zwei Hunderternoten sind weg», behauptete er. «Der Täter hatte es offensichtlich auf Bargeld abgesehen. Vermutlich ein Junkie.» Wie lange war es her, dass er Doppelhuber zum letzten Mal angelogen hatte? Zehn Jahre? Zwanzig?

# 16

Nach vierundzwanzig Stunden konnte er das Krankenhaus verlassen. Karina holte ihn mit einem Blumenstrauß ab und fuhr ihn nach Hause. Daheim kochte sie Riesencrevetten, ein Zeichen, dass sie guter Laune war. Es schien ihr nichts auszumachen, dass die gemeinsamen Osterferien ins Wasser gefallen waren, wie er erleichtert, aber auch ein wenig irritiert feststellte. Sie gingen früh zu Bett und hatten gehirnerschütterungstechnisch unbedenklichen Kuschelsex. Danach schlief Karina an seiner Brust ein, während er noch ein wenig zu lesen versuchte.

Obwohl er die ganze Woche krankgeschrieben war, erschien er am übernächsten Tag zur Arbeit. Nach dem, was vorgefallen war, wollte er Präsenz markieren. Kam hinzu, dass er zu den Menschen gehörte, die «Freizeit» für ein überschätztes Gut hielten. Als er die Eingangshalle des Pressehauses betrat, befiel ihn ein beklemmendes Gefühl – als laufe im Hintergrund der ominöse Soundtrack von *Terminator II*.

Es war 8.20 Uhr, für Journalisten mitten in der Nacht. Das Großraumbüro war leer. T. hingegen saß bereits in seiner Glaskabine, einen grotesk großen Becher Orangensaft vor sich, und blickte stirnrunzelnd in den Computer. Es sah aus, als sitze er schon seit Stunden dort.

Er ging hinein und sagte möglichst lässig: «Guten Morgen, alles klar?»

T. sah teilnahmslos zu ihm herüber. «Bestens. Und bei dir?»

Auf die Gegenfrage war er nicht vorbereitet. Sein Chef musste doch wissen, dass er a) in den Ferien sein sollte und b) diese «wegen einer Magen-Darm-Grippe» (so seine Begründung gegenüber der Chefsekretärin) nicht hatte antreten können. «Ähm, besser. Danke der Nachfrage», brachte er schließlich heraus.

T. schien ihn schon fast wieder vergessen zu haben und schrieb etwas in den Computer. Er tippte verblüffend schnell, offensichtlich beherrschte er das Zehnfingersystem. Gab es irgendetwas, das sein Chef *nicht* beherrschte?

«Stimmt, du warst ja krank», sagte er, ohne vom Bildschirm aufzublicken. «Willkommen zurück unter den Lebenden.»

Er fuhr innerlich zusammen. Hatte er richtig gehört? Für die Bemerkung gab es zwei Erklärungen: Entweder T. war vollkommen ahnungslos, was den Überfall betraf, und sein Auto hatte zufällig in der Nähe des Tatorts gestanden. Oder er war ein eiskalter Zyniker, der soeben eine verkappte Warnung ausgesprochen hatte.

Auf dem Weg zu seinem Platz setzten die Kopfschmerzen wieder ein. Das waren bestimmt Entzugserscheinungen, schließlich hatte er heute noch keinen Kaffee getrunken. Also überwand er sich, den Pausenraum zu betreten, diesen müffelnden Schauplatz seiner ersten Blamagen in der Redaktion.

Er hatte die rasenmäherlaute Kaffeemaschine in Betrieb gesetzt und blickte zum Fenster hinaus, als die Tür aufging. Es war kurz nach halb neun, immer noch zu früh für die meisten Kollegen. Ein junger Mann mit Brille betrat den Raum und steuerte auf ihn zu. Mit ausdruckslosen Augen und freundlichem Lächeln sagte er: «Ich möchte mich bei Ihnen vorstellen: Stefan Koller.»

Wieso siezte ihn der Trottel? Stammten die Bundfaltenhosen von einem Markt in Pristina? Rührte die gepresste Stimme von einer Überdosis Donald-Duck-Filme? Und warum irritierte ihn der Typ so, obwohl er sich lediglich höflich vorstellte? Koller, Koller ... Ah, das war doch der unbekannte Autor, der die Rundumschimpftirade gegen Multikultiromantiker, Werterelativierer und Irakkriegsgegner verfasst hatte.

«Freut mich», sagte er kühl und nannte seinen eigenen Namen.

«Ihr Name ist mir ein Begriff, ich lese alles von Ihnen.»

So einfach ließ er sich nicht um den Finger wickeln. Er antwortete: «Hoffentlich nicht aus Masochismus.»

Koller schien nicht zu wissen, was er mit der Bemerkung anfangen sollte, und lächelte unsicher.

Ein wenig freundlicher fragte er: «Und, was führt Sie zu uns?»

«Ich dachte», antwortete Koller, «dass ich den unterschriebenen Arbeitsvertrag gleich persönlich vorbeibringe. Nächste Woche fängt doch mein Volontariat an.»

Volontariat? Okay, damit hatte er nichts zu tun. Die Betreuung der Praktikanten und Volontäre war eines der diversen Ämtchen, für das sich seiner neuer bester Freund, der Literaturchef, zur Verfügung gestellt hatte. Trotzdem wurmte es ihn, dass man ihn nicht einmal informiert hatte. Ein bisschen pietätlos war es schon, jemanden neu einzustellen, so kurz nachdem sieben Leute entlassen worden waren, selbst wenn es nur ein Stift war. Und wenn, wäre es dann nicht sinnvoll gewesen, zur Abwechslung eine Frau herzulotsen? Gehörten nerdige Jungmänner nicht eher in einen Bastelraum mit Lötkolben und elektronischen Messgeräten als auf eine Zeitungsredaktion?

«Sie haben doch einen Abschluss in Soziologie von der Universität Bielefeld», sagte Koller scheinbar unbeeindruckt von der reservierten Haltung seines Gegenübers.

«Lang ist's her», murmelte er.

«Weltgesellschaft, Luhmann – das fand ich immer schon spannend!», fuhr Koller fort.

Widerwillig stellte er fest, wie sein Interesse an dem Typ wuchs. «Du hast auch Soziologie studiert?» (Er hatte soeben beschlossen, ohne weitere Erklärungen zum Du überzugehen, damit klar war, wer von ihnen hier die Zügel in der Hand hielt.)

Koller schüttelte verlegen den Kopf. «Romanistik. Letzten Herbst abgeschlossen.» Dann setzte er sich unvermittelt hin. Offensichtlich stellte er sich auf eine gemütliche Plauderstunde ein.

Die Selbstverständlichkeit, mit der sich der Volontär in spe breitmachte, nervte ihn. Also blieb er stehen. «Thema der Lizentiatsarbeit?», fragte er – und ärgerte sich im selben Moment, dass er die Unterhaltung in Gang hielt, anstatt sie endlich zu beenden.

«Transformation literarischer Modelle: Antike Bukolik und ihre *récriture* in der frühen Neuzeit», ratterte Koller herunter.

Hoppla, dachte er, klingt ziemlich weit weg von Lötkolben und elektronischen Messgeräten.

Espressotrinken hatte nichts gebracht. Sein Schädel brummte weiterhin wie ein Hochspannungstrafo. Als er schließlich an seinem Pult saß, schluckte er eine der Schmerztabletten, die ihm die Spital-Matrone mitgegeben hatte. Wer war Jean Roemers Begleiter gewesen? Gab es einen Zusammenhang zwischen dem Überfall und dem Umstand, dass er den beiden gefolgt war? Was hatte es mit T.s Wagen auf sich? Er versuchte, die Gedanken beiseitezuschieben und sich auf seine Arbeit zu konzentrieren. Als Erstes musste er sich um die Sportgeschichte für die nächste Ausgabe kümmern. Der Redaktor, der das bisher gemacht hatte, war bekanntlich geschasst worden. Bald begann die Eishockey-WM – der perfekte Moment, um endlich den Gerüchten nachzugehen, wonach der Nationaltrainer ein verkappter Scientologe war. Aber ob man das so rasch hinbekam?

Er schaltete den Computer ein. Einundsechzig ungelesene Nachrichten. Wie hieß sein Beruf schon wieder – *mailman*? Gerda Müller, die in seiner Abwesenheit das Gesellschaftsressort betreut hatte, schrieb, dass der Beitrag über Yogaferien auf Sansibar (bestellt war eine im ironischen Ton gehaltene Selbsterfahrungsreportage) noch immer nicht in der Redaktion eingetroffen sei. Die Autorin war eine phänomenal fitte Mittdreißigerin mit einem Body, der für ihre Charakterdefizite mehr als entschädigte. Vorausgesetzt, man war weder eine Frau noch der Redaktor, der ihre Artikel überarbeiten musste.

Es war T.s ausdrücklicher Wunsch, dass in jeder Ausgabe mindestens ein Text aus dem – Zitat – «Themenkomplex Lebensgestaltung / Körperlichkeit / aufgeklärte Spiritualität» enthalten war. Sie bräuchten ein – Zitat – «auf undebile Weise umgesetztes Frauenzeitschriftenmoment». Bei einem mitternächtlichen Absacker nach Redaktionsschluss hatte er denselben Gedanken weniger vornehm formuliert: «Frauen sind das lesende Geschlecht. Darum müssen wir immer auch ein wenig Pussy-Blatt sein.» Von einem Branchenmagazin darauf angesprochen, bestritt T., den Satz jemals «so» gesagt zu haben. Im Kern aber lag er mit seiner Diagnose durchaus richtig. Das fand sein Umfeld vor allem deshalb erstaunlich, weil T.s Verständnis für Frauen etwa gleich ausgeprägt war wie das eines Meerschweinchens für impressionistische Malerei.

*Sffflingplaschdidelsplongdidumlanglong.* Auf dem Display des futuristischen Telefonapparats erschien Gerda Müllers Mobilnummer. Für einmal hatte er keine Lust, mit ihr zu sprechen. Vielleicht, weil er sich momentan nicht mit dem Yoga-Problem befassen mochte. Prokrastinieren war eine seiner Kernkompetenzen. Vielleicht aber auch, weil er sich seltsam verpflichtet fühlte, ihr von dem unerfreulichen Abend zu berichten, dies aber auf keinen Fall tun wollte.

Durch einen Spalt in der Trennwand sah er, dass die Fotoredaktorin eingetroffen war. Sie war eine launische, aber sympathische Person und gehörte zu den Frauen, die an Sitzungen zuerst eine halbe Stunde nachdachten, bevor sie etwas sagten. Das war ihm nicht ganz geheuer, aber alleweil lieber als Männer, die zuerst eine halbe Stunde redeten, bevor sie nachdachten. Er erhob sich von seinem Platz und ging zu ihr hinüber. Sein Kopf begann sofort zu dröhnen. Er hätte wohl etwas vorsichtiger aufstehen sollen. «Hi, störe ich?», fragte er.

«Du störst nie!» Sie lächelte ihn charmant an. Auch launische Menschen hatten manchmal gute Laune. «... aber müsstest du nicht in den Ferien sein?»

Unglaublich. Die Bildredaktorin wusste besser über seine Pläne Bescheid als sein Vorgesetzter.

Er schilderte sein Anliegen. Sie sah ihn kokett an. «Habe ich richtig verstanden: Du möchtest, dass ich die Aufnahme eines Mannes finde, von dem du nicht weißt, wie er heißt, was er macht und wo er lebt? Kein Problem. Ich bringe dir das Bild in dreieinhalb Minuten vorbei.»

Er ging leicht in die Knie, ließ die Arme baumeln und grölte: «Nichts ist unmöglich, Toyota.»

Ein Kindskopf als Mitglied der Chefredaktion der wichtigsten Wochenzeitung des Landes? Sie schaute ihn überrascht an. Es war unklar, ob angenehm überrascht oder peinlich berührt. Sogleich wieder ernst sagte er: «Immerhin kann ich sagen, wie er aussieht, was für Kleider er trug und wie alt er ungefähr ist. Zudem habe ich die diffuse Vermutung, dass es sich um einen Politiker handelt. Vielleicht hatte er einen öffentlichen Auftritt in der Stadt? Man könnte die Agenturbilder der Veranstaltungen durchsehen, die in den letzten Tagen stattgefunden haben.»

Ihre Wangen röteten sich, möglicherweise der Vorbote eines Launenwechsels: «Das sind immer noch Tausende Fotos. Du glaubst doch nicht im Ernst, dass ich …»

Er ging nochmals in die Knie und brummelte: «Nicht du, *ich!* – Alles worum ich dich bitte ist, eine Datei mit Aufnahmen von aktuellen Anlässen anzulegen – Vorträge, Podiumsdiskussionen, Parteitage, Vernissagen, Lesungen, Gedenkgottesdienste …» –

Die Bildredaktorin hob beide Hände, als wollte sie einen zurücksetzenden Lastwagenfahrer davon abhalten, eine Mauer zu rammen. «Ich hab's begriffen, Chef.»

Während er mit Mike Scherrer telefonierte, einem lausigen Schreiber, aber ausgezeichneten Rechercheur, den er auf den Scientologen-Trainer ansetzen wollte, traf die Nachricht der Bildredaktorin ein: «Habe die Fotos jetzt auf den Server gestellt. Herzlich, B.» Er schrieb zurück: «Wie heißt die Datei? Merci, M.» Die Antwort kam sofort: «Toyota.» Er grinste und fuhr mit dem Cursor über den Bildschirm, um in dem Wust von Dokumenten, Ordnern und Symbolen, von denen er größtenteils keine Ahnung hatte, wozu sie dienten, nach der Datei zu suchen. «Ist das so okay für dich?», fragte Mike Scherrer unvermittelt. Obwohl er kaum zugehört hatte, antwortete er: «Perfekt» und legte auf.

Nachdem er sich vierzig Minuten lang durch erbarmungslos öde Veranstaltungsbilder geklickt hatte, nahm er eine weitere Schmerztablette. Dann stand er auf, diesmal behutsam, und schlich in die Bildredaktion. Nun erntete er kein Lächeln mehr, sondern einen argwöhnischen Blick. Weil ihn launische Frauen einschüchterten, sagte er: «Wenn ich dich nachher zum Lunch einlade, würdest du mir dann unter Umständen verzeihen, dass ich nicht umhinkomme, deine geschätzte Expertise ein weiteres Mal in Anspruch zu nehmen?» Dabei hatte er gar keinen Hunger.

Zum Glück antwortete die Bildredaktorin trocken: «Ich bin bereits verabredet. Ein Kaffee tut's auch.»

Kurze Zeit später öffnete er den Ordner «Toyota II». Darin befanden sich weitere knapp fünfhundert Fotos, diesmal von Veranstaltungen aus den umliegenden Ortschaften. Schon bald wurde er fündig: «Gemeindesaal Ritzwil: ‹Der Zweite Weltkrieg im Lichte der neueren Forschung›. Ein Vortrag von Herrn Dr. Esko Laitanen.»

Obwohl er sich ziemlich sicher war, googelte er den Namen. Er hatte sich nicht getäuscht: Esko Laitanen, geboren am 4. Juli 1932, finnischer Historiker und Holocaust-Leugner.

## 17

Damir legte den Kopfhörer aufs Bett, nahm die CD aus dem Gerät und warf sie in den Papierkorb. Dann schlurfte er zur Tür. Auf halbem Weg machte er kehrt und holte die Scheibe wieder heraus. Immerhin handelte es sich um ein Geschenk seines Cousins. Er verstaute sie in der Innentasche seiner Lederjacke und ging in die Küche. Dort gab er seiner Mutter einen Kuss auf die Wange und sagte: «Bin in zwanzig Minuten zurück.» Sie blickte ihm lächelnd nach.

Er nahm die Abkürzung durch den Hinterhof. Schon von weitem sah er, dass in Henris Zimmer kein Licht brannte. Irgendwie war ihm das gerade recht. Pro forma warf er einen Kieselstein ans Fenster und wartete einige Sekunden. Dann zog er die CD aus der Jackentasche und kritzelte auf einen Post-it: «Für Henri. Zum 19. Geburtstag. Grüessli, Schippi.» Er legte das Geschenk in den Milchkasten und machte sich auf den Heimweg. Sein Bart fing wieder an zu jucken. Dafür schützte er vor der blöden Bise. Noch vor wenigen Monaten hätte ihn der Nachwuchsrapper aus Hessen oder Essen schwer beeindruckt. Der Junge hatte Talent. Aber er verschwendete sein Talent. Fick dich, fick dich, fick dich. Nutte-Nutte-Nutte. Schwanzschwanzschwanz. Mohamed hatte recht: Dieses obszöne Zeugs entwertete nicht nur den, der es sang. Sondern auch den, der es sich anhörte. Vielleicht sollte er das mal seinem Cousin erklären.

Wieder zu Hause, ging er in die Küche und fragte seine Mutter, ob er ihr helfen könne.

Sie sah ihn erfreut und zugleich skeptisch an. «*Sine*, du hast den ganzen Tag gearbeitet. Ruh dich ein wenig aus.»

Er antwortete ernst: «Du hast auch gearbeitet.»

Sie strich ihm über den Kopf (wahrscheinlich würde sie das auch noch tun, wenn er dreißig war) und schubste ihn aus der Küche.

Seit er wieder einen Job hatte, war ihr Verhältnis entspannter. Ohnehin war seine Mutter in letzter Zeit besser drauf. Am Wochenende wollte er ihr eröffnen, dass er künftig die Hälfte der Miete übernehme. Dann würde sie noch viel besser draufsein. Die Shisha-Bar lief blendend, und Mohamed war sehr zufrieden mit ihm. Bestimmt würde er ihn bald zum Geschäftspartner oder so machen. Dann brauchte Mutter nicht mehr zu arbeiten. Zumindest konnte sie mit der Putzerei aufhören. Er wollte nicht, dass sie anderer Leute Dreck wegmachte. Vielleicht würde so auch der Kontakt zu der Ärztin einschlafen. Von ihr hatte sie bestimmt die Pillen, die im Bad herumlagen. Ob sie deswegen so guter Stimmung war? Der Gedanke versetzte ihm einen Stich.

Er beschloss, vor dem Abendessen sein Zimmer aufzuräumen. Er schnüffelte an zwei T-Shirts, die auf dem Boden lagen, befand, dass sie noch tragbar waren, und legte sie in den Kleiderschrank. Als er nach der Carhartt-Jacke griff, die über dem verchromten Barhocker mit dem roten Sitzpolster hing, fiel ein Piece heraus. Schwarzer Afghane. – Wie lange hatte er nicht mehr geraucht? Das mussten Minimum zwei Monate sein. Es kam ihm vor wie eine Ewigkeit. Somit bestand keine Gefahr, dass er in alte Gewohnheiten verfallen würde, wenn er ausnahmsweise einen Joint drehte. Die Spitzenware konnte man doch nicht wegschmeißen!

Puoah. Erstaunlich, wie dieses Zeugs einfuhr, wenn man

eine Weile nicht gekifft hatte. Sein Kopf drehte sich wie ein Rössli-Karussell. Er lag mit ausgestreckten Armen auf dem Bett und grinste. Es klopfte an der Tür, Mutter steckte den Kopf ins Zimmer.

«*Sine*, wir haben keinen Apfelsaft mehr. Könntest du rasch rüber zur Tankstelle? Und mach bitte das Fenster auf. Hier stinkt's.»

Damir grinste noch breiter. «In Ordnung, Mama», sagte er. Dann atmete er langsam aus. In. Ordnung. Mama. Die drei Wörter zu formen hatte viel Kraft gekostet. Er blieb eine Weile liegen und probierte, das Karussell zu stoppen. Dann stand er schwungvoll auf (zumindest empfand er es so) und machte sich auf den Weg.

Bei der Tankstelle angelangt, war er nicht mehr sicher, was seine Mutter gesagt hatte: Apfel- oder Orangensaft? Er entschied sich für Orangensaft. Dazu kaufte er drei Bounty-Riegel, seine Lieblingsverpflegung, wenn er geraucht hatte.

Draußen packte er ein Bounty aus und verschlang es in zwei Bissen. Er hatte sich etwa hundert Meter von der Tankstelle entfernt, als ein scharfer Pfiff ertönte. Er drehte sich um und sah zwei Gestalten auf sich zutrotten. Mit ihren geschleckten Blazern und den Kurzhaarfrisuren sahen sie aus wie die Türsteher im Guaraná. Es dauerte einen Moment, bis er die beiden im Schummerlicht erkannte: Rico und Boris, zwei Hobby-Hools aus der Nachbarschaft.

Boris war in der Parallelklasse gewesen. Obwohl er einen tieferen Notenschnitt als Damir gehabt hatte, ging er später auf ein privates Gymnasium (sein Papa war ein neureicher Immobilienmakler). Außerdem hatten sie im selben Klub geboxt. Bis Damirs Vater in die fromme Phase kam und ihn zwang, mit dem Boxen aufzuhören. «Weil ein Muslim niemanden ins Gesicht schlägt.» Außer zur Selbstverteidigung natürlich.

Er blieb wie ein Pflock stehen und wartete. Rico trat ganz nahe an ihn heran: «Na, Ali Bengali, hast du gute Laune?»

Damir grinste verlegen. Rico klopfte ihm auf die Schulter, ein bisschen zu heftig, um noch als kumpelhaft durchzugehen. Damir trat einen Schritt zurück und versuchte, möglichst neutral dreinzuschauen. Aber die Andeutung eines Grinsens blieb. Wie bei einer Lampe, die nachglühte.

Rico trat wieder näher heran. Er stank nach Bier. «Friss nicht so viel Schokolade, Ziegenficker. Sonst wirst du fett wie deine Mutter.»

Boris, der etwas abseits stand, sah den beiden amüsiert zu. Schließlich sagte er ruhig: «Apropos – deine Kopftuch-Mami versaut das Straßenbild. Wenn sie sich bei uns nicht anpassen will, soll sie im Iran Asyl beantragen. Würdest du ihr das bitte ausrichten?»

Rico gab einen zustimmenden Grunzlaut von sich. Dann sagte er etwas, das sich wie «Kopftuchschlampe» anhörte, packte Damir am Jackenkragen und stieß ihn von sich. Nicht rabiat, aber so kräftig, dass Damir ins Straucheln geriet und auf seinem Hintern landete. Die beiden lachten und machten sich davon.

Damir rappelte sich hoch und eilte heim. Im Hauseingang schlug er mit der Faust gegen die Briefkästen. Er hatte Tränen in den Augen. Nachdem er die Wohnung betreten hatte, schlich er ins Bad und wusch sich das Gesicht. Er ging in die Küche, stellte den Orangensaft auf den Tisch und setzte sich. «Was gibt's denn zu essen?», fragte er fröhlich.

Seine Mutter musterte ihn besorgt. «Ist etwas, *sine*? Du klingst so merkwürdig.»

Er schüttelte den Kopf. Zum Glück insistierte sie nicht.

«Ich habe Kebab-Pizza gemacht», sagte sie. «Die magst du doch.»

Er murmelte etwas Zustimmendes. Während sie die Kebab-Pizza schnitt, nahm er sein Handy hervor und tippte: «Tschau Mohamed. Muss wieder mehr Sport treiben. Judo ist *halal*, nicht wahr?»

Obwohl er keinen Hunger hatte, aß er drei Stück Pizza. Sobald er fertig war, stand er auf und stellte das Geschirr geräuschvoll in den Schüttstein.

«Pass ein wenig auf», sagte die Mutter liebevoll. «Das sind doch keine Plastikteller.»

Er murmelte «Sorry» und verabschiedete sich ins Zimmer, rechtzeitig für seine Lieblingssendung aller Zeiten: *Jackass*. Nach wenigen Minuten nickte er ein. Gegen halb elf wurde er vom Signalton seines Handys geweckt. Mohamed hatte geantwortet, für seine Verhältnisse ungewöhnlich schnell. Er öffnete die Mitteilung und starrte verwirrt auf das Display: «*Al-mu'mi-nu l-qawiu chairun wa-ahabbu ila-'llahi mina l-mu'mini d-da'ifi wa-fi kullin chair*», stand dort geschrieben. Kurze Zeit später ging eine zweite Nachricht ein: «Kleiner Arabischkurs … :-) Judo: klar! Der Prophet sagt: Der starke Gläubige ist besser und Allah lieber als der schwache.»

Der starke Gläubige ist Allah lieber als der schwache. Damir nickte bedächtig. Nie wieder würde jemand ungestraft seine Mutter verspotten.

# 18

Der Auslandchef tobte. «... womit wir, abgesehen von Fox News, bald das weltweit einzige Medium wären, das der Propaganda der amerikanischen Regierung unverdrossen Glauben schenkt.»

Die Zuckungen in Gerda Müllers Gesicht signalisierten Zustimmung; der Literaturchef hatte sein Ölgemäldelächeln aufgesetzt; die Bildredaktorin stierte mit gerötetem Kopf vor sich hin; Volontär Koller machte ein Froschmaul und fuhr mit dem Finger über die Grube hinter dem Ohrläppchen, um danach am Abrieb zu schnuppern; ein jüngerer Kollege aus dem Inlandressort gähnte ostentativ, damit alle mitbekamen, was alle längst wussten: dass er die Ansichten des Auslandchefs für Hippiekacke hielt.

T. lächelte entspannt. «Die einen sehen Fox News, die anderen lesen Flugblätter der Friedensbewegung. Wir zeigen das Spektrum der Standpunkte. Nur geistreicher, hoffe ich.»

Auslandchef: «Für jeden Artikel, der sich kritisch mit der hanebüchenen Rechtfertigung und dem desaströsen Verlauf der Invasion auseinandersetzt, bringen wir mittlerweile vier Jubelbeiträge zum demokratiestiftenden Triumphzug der Alliierten.»

«Es steht dir frei, so viele Repliken zu schreiben, wie du möchtest.»

«Solange der Chefredaktor Leitartikel verfasst, die wie Pressemitteilungen des Pentagons tönen, ist es egal, was der Rest von uns schreibt.» Beinahe jaulend vor Wut ergänzte er: «Ich bin doch hier nur noch ein Feigenblatt.»

T. erwiderte kalt: «*Love it or leave it.*»

Koller schnüffelte weiter an seinem Finger. Die meisten starrten betreten auf das Stück Konferenztisch vor ihnen. Der Auslandchef schrieb hastig etwas auf ein Blatt Papier. Er faltete das Papier, ging nach vorn und schmiss es wie einen Fehdehandschuh vor T. auf den Tisch. Dann stürmte er aus dem Raum und knallte die Tür hinter sich zu.

T. sagte sanft: «Lasst uns am Nachmittag weitermachen und erst mal die Köpfe lüften.» In seiner Stimme lag ein Hauch von Erregung, was derart ungewöhnlich war, dass es gleich mehreren Kollegen auffiel.

Schweigend drängten die Redaktionsmitglieder der wichtigsten Wochenzeitung des Landes aus dem Sitzungszimmer. Er sah sich nach Gerda Müller um, sie aber schien seinem Blick auszuweichen. Vor dem Aufzug kam es wie immer zu einem Stau. Das altmodische Gefährt bot nicht viel mehr Platz als eine Eiserne Jungfrau. Und so hatte er das Vergnügen, mit Volontär Koller und dem Hippiehasser aus dem Inland hinaufzufahren. Für Verschwörungstheoretiker bestimmt ein weiteres Indiz, dass er ein Agent der Reaktion war und zur Prätorianergarde des Chefredaktors zählte.

«Eure Yoga-Story fand ich noch ganz witzig», sagte Koller. In der Blechkabine kam seine Donald-Duck-Stimme besonders schön zur Geltung.

«Vielen Dank für das Kompliment», antwortete er mit maximal hochgeschobenem Sarkasmusregler. *Noch ganz witzig.* Gerda Müller und er hatten mehrere Stunden mit Redigieren zugebracht. Gerda hatte die Vorwäsche übernommen, er den Hauptgang. Herausgekommen war, wie er fand, ein gelungenes Stück mit viel Aussage über das Frauenmilieu, das sich diese Art von Luxus-Selbsterfahrung gönnte.

Es gab drei akzeptable Möglichkeiten, auf die Arbeit von Kollegen zu reagieren: Man fand einen Text gut und sprach Lob aus. Man fand einen Text schlecht und äußerte Kritik. Man wusste mit einem Text nichts anzufangen und hielt den Mund. Aber Scheinkomplimente waren unsagbar stillos. Lob als Aprilscherz. Und wie er «*eure* Story» gesagt hatte! Schon klar: Hier die hochkompetenten, hart recherchierenden, brillant analysierenden Kapazitäten aus den Ressorts Inland, Wirtschaft und Ausland, die sich mit den relevanten, weltbewegenden Themen befassten. Dort Hello-Kitty-Journalismus von und für *simple minds*.

Arschloch, Arschloch, Arschloch. Du kleines überhebliches Arschloch.

Die Lifttür zum fünften Stock ging auf. Er sah ein, dass er viel zu emotional auf den verhaltensgestörten Volo reagierte. Schließlich war er hier einer der Chefs und somit am oberen Ende der Nahrungskette. Ein bisschen mehr Gelassenheit durfte von ihm erwartet werden. Er packte sein schönstes Lächeln aus und sagte: «Hey, ich wünsche euch einen angenehmen und erfolgreichen Tag!»

Am Platz checkte er seine Mails. Vierundzwanzig ungelesene Nachrichten, gar nicht so schlimm für einen Montagmorgen. Die neueste war zwei Minuten alt und stammte von T. Dieser war unmittelbar vor ihm aus dem Sitzungszimmer gegangen und hatte die Treppe genommen. Und jetzt saß er bereits in seiner Glaskabine und verschickte Mails? Erstaunlich.

Sein Chef schrieb: «Was für ein besch... Start in die Woche, nicht wahr?! Darf ich dich zur Aufheiterung zum Mittagessen ins Marquez de León einladen? Herzlich, T.»

Die Nachricht erinnerte ihn daran, dass er schon lange

eine Tirade gegen den wahllosen Gebrauch des Wörtchens «herzlich» hatte verfassen wollen. Gerade im Geschäftsleben klang die Grußformel vielfach so hohl wie das Kompliment eines Schmuckhändlers auf einem Touristenmarkt in Neapel. *Parla molto bene l'italiano!* Aber natürlich fühlte er sich geschmeichelt: zum besten Spanier der Stadt. Zudem war er von dem emotionalen, zugänglichen Ton der Nachricht angetan. Vielleicht hatte sein Chef ja doch mehr Empfindungen als Doktor Spock? Umgehend schrieb er zurück: «Gerne! Herzlich, M.»

Einmal mehr fehlte für die nächste Ausgabe eine Sportgeschichte (die Gerüchte über den Scientologen-Trainer hatten sich nicht hartmachen lassen). Anstatt sich damit zu befassen, entschied er, dass eine Plaudertour durchs Großraumbüro jetzt wichtiger war. Seine Mitarbeiter hatten bestimmt das Bedürfnis, über die Kündigung des Auslandchefs zu sprechen – um etwas anderes konnte es sich bei der Darbietung des alten Cholerikers nicht gehandelt haben. Wie stand er selbst eigentlich zum Abgang dieses moralisch blitzsauberen Wadenbeißers? Auf alle Fälle schien es ihm ratsam, die zehn Prozent Schadenfreude und die zwanzig Prozent Erleichterung, die er bei allem Bedauern verspürte, für sich zu behalten.

Gerda Müller starrte finster auf den Bildschirm. Sie hatte einen schalldämmenden Kopfhörer aufgesetzt, wie ihn Bauarbeiter beim Presslufthämmern benutzen. Wahrscheinlich war es besser, wenn er sie jetzt in Ruhe arbeiten ließ. Die anderen aus seinem Team waren tatsächlich dankbar, dass ihr Vorgesetzter nach der aufwühlenden Morgensitzung sein Gesicht zeigte. Man beschloss, gemeinsam in den Kaffeeraum zu gehen. Was für ein Verlust, eine Katastrophe, wo führt das noch hin, ein weiterer Schritt zur politischen Säuberung, wer übernimmt jetzt die Ressortleitung etc. Er bemühte sich um eine empathische Mimik, merkte aber, wie ihn die ausufernden Befindlichkeitsvoten kribbelig machten. Er hatte viel zu tun – warum die Zeit mit Reden verplempern? Die Selbstdiagnose lautete: Anzeichen eines einsetzenden Chefsyndroms.

Nach der gruppentherapeutischen Aussprache versuchte er es nochmals bei Gerda Müller. Sie saß unverändert mürrisch vor dem Computer. Er tippte ihr behutsam auf die Schulter und lächelte starr, als sei er ein Zeuge Jehovas auf Hausbesuch. Sie fuhr zusammen und blickte hoch. Ärgerlich streifte sie die Kopfhörer ab.

«Störe ich?», fragte er überflüssigerweise.

«Ich versuche bloß, einen Artikel zu schreiben, also meinem Beruf nachzugehen», zischte sie. «Leider haben die kostenbewussten Manager, die unserer Redaktion das Großraumbüro verordnet haben, nicht bedacht, dass diese Tätigkeit Ruhe und Konzentration erfordert und man sie – im Gegensatz zu Gruppensex und Jodeln – schlecht im Kollektiv ausüben kann.» Mehr als Befehl denn als Bitte fügte sie hinzu: «Können wir am Nachmittag reden?»

Er machte eine beschwichtigende Handbewegung und schlich davon.

Er wusste aus eigener Erfahrung, was für eine Zumutung Schreiben sein konnte. Menschen, die dabei stets gute Laune verströmten, waren ihm zutiefst suspekt. Zudem bezweifelte er, dass sie in der Lage waren, Texte zu verfassen, an die sich jemand länger als zehn Sekunden erinnerte. Dennoch befremdete ihn Gerdas Reaktion. Was ging hier eigentlich vor? Kolleginnen und Kollegen, die er mochte, wandten sich von ihm ab. Solche, mit denen er wenig anzufangen wusste, buhlten um seine Gunst. Er selbst verdächtigte seinen Chef, in einen Überfall auf ihn verwickelt zu sein, und schwindelte mittlerweile sogar seinen besten Freund an. Die Dinge gerieten aus dem Lot; Konturen und Fronten lösten sich auf. Ein wenig so wie im Irak.

T. bestellte teuren Rioja. Der Kellner trug den Wein wie eine Monstranz zum Tisch. Die Flasche sah aus, als stammte sie aus der Zeit der Reconquista. Und so schmeckte sie auch. Nach Eichenfass «extra strong» und schlecht gelüfteter Bikerweste. Sie leerten die Flasche innerhalb von fünfundzwanzig Minuten. Dabei unterhielten sie sich über die philosophischen Implikationen einer möglichen Entdeckung außerirdischen Lebens, die angebliche Enttabuisierung der Bisexualität, Vor- und Nachteile der Konkordanzdemokratie, Pfundschwäche, Klimawandel und Schweinchen Dick. Dass sein Chef nicht nur zu sämtlichen dieser Themen mehr oder minder Interessantes beizutragen wusste, sondern auch noch den Tabellenrang von Arminia Bielefeld kannte, machte ihn einigermaßen perplex.

Während der Kellner die zweite Flasche dekantierte, kamen sie auf den Auslandchef zu sprechen. Gerne hätte er erfahren, wie T. zu der Kündigung stand, bevor er sich selbst äußerte. Doch dieser überrumpelte ihn mit der fast schon in mütterlichem Ton vorgebrachten Bemerkung: «Die vergangenen Wochen waren ruppig. Ich hoffe, dass dir die ganzen Querelen nicht allzu sehr zugesetzt haben.»

Er spürte, wie Zurückhaltung und Misstrauen von ihm wichen. Er hatte keine Kraft mehr zum Taktieren. Endlich reden! (Vielleicht sollte es die CIA auch mal mit Rioja versuchen statt mit *waterboarding.*) «Es ist wirklich vieles zusammengekommen in letzter Zeit», sagte er bewegt. «Die Entlassungen, die gereizte Stimmung in der Redaktion, die gestiegene Arbeitsbelastung, weil der Abgang des Sportredaktors trotz allem eine Lücke hinterlassen hat ...» Er schüttelte langsam den Kopf. «Und als ob das nicht genug wäre, dann noch der Überfall.»

«Überfall?» T. sprang fast vom Stuhl.

*Fuck.* Er fühlte sich augenblicklich wieder nüchtern. Wie konnte man nur so blöd sein?

«Das ist ja schrecklich! Wann ist denn das passiert? Hat man den Täter gefasst? Wieso hast du nichts gesagt?»

Er schämte sich. Wie hatte er nur so paranoid sein können, seinen Chef zu verdächtigen? «Halb so sch-limm», sagte er matt. Von wegen nüchtern, der Rioja meldete sich zurück. «Bloß ein Junkie, der mir das Bargeld abgenommen hat. Handy und Kreditkarte haben ihn glücklicherweise nicht interessiert.»

T. schob indigniert das Kinn vor. «Du solltest einen Artikel über das Vorgefallene schreiben: Was in einem vorgeht, wenn man Opfer eines Raubüberfalls wird. Angereichert mit Zahlen und Fakten zur Sicherheitslage in der Stadt.»

Aha, die mütterliche Phase war vorbei. *Let's talk business.* «Sicherheitslage, ich weiß nicht. Klingt fast so, als würden wir über Falludscha reden.»

Sein Chef lächelte grimmig. «Nur weil es anderswo schlimmer ist, bedeutet das nicht, dass bei uns alles zum Besten steht. Es ist offensichtlich, dass unsere ach so fortschrittliche, überwiegend aus Achtundsechzigern bestehende Stadtregierung die Kriminalitätsstatistik schönredet. Da hat mir ein hoher Polizeioffizier im Vertrauen bestätigt.»

Er wusste nicht so recht, was er erwidern sollte. Also hielt er sich an das altbewährte Prinzip im Umgang mit Vorgesetzten: im Zweifelsfall nicken.

T. hätte auch ohne diese affirmative Geste weitergeredet. «Wenn es um Verbrechensbekämpfung geht, glaube ich einfach nicht, dass Eurythmie und Summerhill-Pädagogik die richtigen Antworten sind. Jeder Drögeler ein Opfer unserer kalten Leistungsgesellschaft, jeder Vandalenakt ein Hilfeschrei. Kein Krimineller, der nicht eine schwierige Jugend hinter sich hat, ergo schuldunfähig und vor allem: therapierbar ist.»

Grinsend nahm er einen Schluck Wein. Dann gleich noch einen. Er wollte sicherstellen, dass der Rest der Flasche gleichmäßig auf ihre Gläser verteilt würde. T. trank derart schnell, dass der Kellner fast nur ihm nachgeschenkt hatte. Blau war aber nicht sein Chef, sondern er selbst. Allerdings nicht zu blau, um festzustellen: Was dieser von sich gab, war grob übertrieben. Trotzdem konnte er gewisse Sympathien für den emotionalen Überbau der Argumentation nicht verhehlen. Linke in Opposition – als Störenfriede, Wachhunde und moralisches Korrektiv – waren eine segensreiche Notwendigkeit. Linke in Machtpositionen dagegen vielfach eine Zumutung. Selbstgerechtigkeit, Paternalismus, Filzpantoffelgemütlichkeit: So hießen ihre drei Musen, nachdem sie den Marsch durch die Institutionen absolviert hatten.

Er setzte zu einer Bemerkung an, doch T. kam ihm schon wieder zuvor. Sein Chef senkte die Stimme und legte ihm eine Hand auf die Schulter. «Ich möchte nicht, dass der Eindruck entsteht, ich wolle diese Redaktion gleichschalten. Mach dir mal Gedanken, wen wir als Ersatz für den Auslandchef verpflichten könnten.»

Im Zweifelsfall nicken.

T. legte eine Kunstpause ein und fuhr fort: «Du hast doch ein gutes Verhältnis zu Gerda Müller.»

Er dachte: Das war einmal, und sagte: «Absolut.»

«Könntest du nicht fragen, ob sie Lust hätte, bis auf weiteres eine wöchentliche Kolumne zum Irak zu schreiben?»

«Gerda?»

«Als Gegengewicht zu meiner bisweilen arg maskulin-realpolitischen Sichtweise. Den Titel müssen wir noch finden, irgendetwas Freches wie ‹Hau den Bush›.»

Endlich verstand er: Das war gar nicht sein Chef, der ihm gegenübersaß und mit ihm Wein soff. Sondern ein weichgespültes Double. «Und du willst also, dass *ich* sie das frage?»

«Auf dich hört sie. Bei mir vermutet sie doch gleich ein – pardon – linkes Manöver.»

«Nun gut, ich …»

T. hörte bereits nicht mehr zu. Er winkte den Kellner an den Tisch und bestellte zwei Carlos Primero. Dann griff er in die Innentasche seines karierten Jacketts, das aussah, als würde es mindestens fünf Kilo wiegen, und zog zwei schokoladentafelgroße Eintrittskarten heraus. «Ich erlaube mir, dir den Bonus für die gute Arbeit, die du in deinem ersten halben Jahr geleistet hast, in Naturalien zu überreichen.» Er strahlte ihn an, als seien sie ein frischverliebtes Paar.

Verwirrt blickte er auf die Karten: Zwei Tribünenplätze fürs Champions-League-Finale in Manchester!

T. grinste. «Versprich mir, dass ich nicht mit muss. Ich mache mir nichts aus Fußball.»

In diesem Moment schien es ihm, als habe er den nettesten Chef auf Erden.

## 19

«Wie geht es Ihnen, Frau Šefkovic?»

«Gut. Geht gut.»

«Nehmen Sie die Medikamente, die ich Ihnen verschrieben habe?»

«Ja, nehmen.»

«Immer am Morgen und am Abend eine Kapsel. Das ist wichtig.»

«Wichtig, ja.»

«Sie sagen, dass es Ihnen gutgeht? Schön zu hören!»

Schweigen.

«Ich habe allerdings den Eindruck, dass Sie letztes Mal, als wir uns gesehen haben, ein wenig beschwingter waren.»

«Schwingt?»

«Fröhlicher. Bei unserem letzten Treffen waren Sie fröhlicher.»

«Mal so, mal so.»

«Sie kennen meine Meinung: Die Beratungsstelle, von der ich Ihnen erzählt hatte – Sie sollten da unbedingt hingehen. Das würde Ihnen guttun. Ihnen und Ihrem Sohn.»

«Viel Arbeit. Vielleicht nächstes Monat.»

Schweigen.

«Ihr Sohn – Emir …»

«Damir.»

«Entschuldigen Sie. Damir. Das letzte Mal haben Sie erzählt, dass Damir sich gefangen hat und Ihr Verhältnis zu ihm wieder besser geworden ist.»

«Besser, ja. Viel besser.»

«Sie haben erwähnt, dass er Arbeit gefunden hat.»

«Arbeit, ja.»

«Was macht er schon wieder?»

«Arbeitet in Restaurant. Bald wird vielleicht Geschäftsführer.»

«Geschäftsführer? Verstehe. Das ist sehr jung für eine solche Stellung.»

«Chef ist ein Bruder.»

«Sie haben einen älteren Sohn?»

«Bruder. Muslim.»

«Ach so! Und der Chef hat Ihren Sohn ein wenig unter seine Fittiche genommen.»

«Fit…?»

«… er ist ein bisschen wie ein väterlicher Freund für Damir.»

«Ja, so. Sind auch paarmal zusammen in Moschee gewesen.»

«Wie schön. Das freut Sie bestimmt.»

«Ist gut, wenn beten.»

«Trotzdem scheint Sie etwas zu bedrücken. Möchten Sie darüber reden?»

«Ich kann gar nichts sagen. Der Mann ist ein, wie sagt man, *arapski*.»

«Ein Araber?»

«Ja, Araber. Einmal war bei uns zu Hause. Sehr nett. Bringt Blumen, plaudern, lachen.»

Schweigen.

«Aber?»

«Nur so ein komisches Gefühl.»

«Und was ist der Grund für Ihr ungutes Gefühl?»

Schweigen.

«Befürchten Sie, der Mann könnte einen schlechten Einfluss auf Ihren Sohn haben?»

«Augen kalt. Wie von Soldat.»

«Macht er Ihnen Angst?»

«Ja, Angst.»

# 20

Was war das eigentlich genau, ein *username*? Egal. Er tippte «Intern03». Dann versuchte er das Passwort einzugeben, scheiterte dreimal, rief ärgerlich: «Das Passwort ist falsch!», worauf der Onlineredaktor, der in seinem Rücken gleich hinter der Trennwand saß, zurückrief: «Die Buchstaben müssen großgeschrieben werden!«, was er mit einem «Das weiß ich!» beantwortete.

«K – M – A – *Underscore* – acht – vier – sechs», brüllte der Onlineredaktor ungerührt, anstatt seinen Hintern, der für einen Jüngling von Mitte zwanzig erstaunlich fett war, zu ihm herüberzuhieven.

«Ich bin nicht lesebehindert!», antwortete er indigniert. «KMA, Bindestrich, acht …»

«*UNDERSCORE!*», gellte es zurück.

«Sag ich ja, Bindestrich! Meine Tastatur spricht nun mal kein Englisch!»

«Geht es etwas leiser?», tönte es von schräg vorn aus der Ein-Mann-Wissenschaftsredaktion. Mit der Entlassung der Mäuschenfrau war das Ressort von 180 auf 100 Stellenprozente geschrumpft, was aus dem verbliebenen Kollegen – einem gutmütigen Schweiger, der bis tief in den Frühsommer hinein Alpakapullis trug – innerhalb weniger Wochen einen überarbeiteten Grantler gemacht hatte.

«Sorry!», rief der Onlineredaktor.

«Sorry!», rief auch er, weil er nicht hintanstehen wollte.

«Braucht euch nicht zu entschuldigen», knurrte die

Ein-Mann-Redaktion. «Es reicht schon, wenn ihr zwanzig Dezibel weniger laut herumschreit als mein Großvater.»

Der Onlineredaktor stand jetzt vor ihm. Dem forschen Blick nach war er nicht herübergewatschelt, um ein neues Passwort zu diktieren. «Hast du eine A-Matur?», stichelte er.

«Hä?»

*«No speak, no English?»*

«Hör mal, ich …» Er brach den Satz ab, da er sich nicht schon wieder von einem subalternen Kollegen provozieren lassen wollte. Dass der überhaupt wusste, was eine A-Matur war. Er musste sich einmal mehr vergegenwärtigen, dass der Mann ein ganz normaler Absolvent einer ganz normalen Journalistenschule war und sogar einige Semester Psychologie studiert hatte. Im tiefsten Innern hielt er Onlineredaktoren noch immer für ausgewilderte Media-Markt-Verkäufer.

*«Divis»*, sagte der Redaktor selbstzufrieden. «Bindestrich heißt auf Englisch *divis*. *Underscore* ist fast dasselbe, aber eben nur fast. Schau, ich zeig's dir.» Er beugte sich über ihn, ergriff seine Hände, führte seinen linken Zeigefinger zur Umschalt- und den rechten zur Trennstrichtaste. Dann sagte er in dem übersanften Ton, in dem man mit Kleinkindern spricht: «Jetzt mit beiden Fingerchen draufdrücken.»

Perplex über so viel Frechheit, tat er wie geheißen. Auf dem Bildschirm erschien ein nach unten gerutschter Bindestrich.

«Underscore – *you did it!*» Der Onlineredaktor hob die rechte Hand zum *high five*. Auch er hob die Hand, als wollte er abklatschen, bremste aber im letzten Moment ab und streckte dem Kollegen den Mittelfinger ins Gesicht. Dieser sah ihn erschrocken an und trottete davon.

Nun war er eingeloggt. Das war jetzt also ein Onlineforum. Er versuchte sich zu orientieren. Als Erstes fielen ihm die eigenartigen bis infantilen Namen auf. *Hulk2.0*, *Goethe*, *RoteZora*, *Alk_Aida*, *Piss@Nelke*, *Eidgenuss*, *Didi Halbverdorben*. Er klickte auf seinen Lieblingsartikel der letzten Ausgabe: die berührende Geschichte eines singhalesischen Christen, der Mitte der neunziger Jahre mit seiner krebskranken Frau und den beiden Kindern vor dem Bürgerkrieg in Sri Lanka in die Schweiz geflohen war. Die Frau starb kurz nach der Flucht, der Mann heiratete eine Einheimische und baute eine florierende Imbisskette auf («Some like it hot»). Eidgenuss kommentierte: «Einwanderung in unseren Socialstaat? Nein danke. Wir brauchen keine Turpan-Träger.»

Er wusste nicht, was ihn an dem Eintrag mehr erschütterte: die unfassbare Kaltherzigkeit oder die grenzenlose Dummheit. Er klickte sich durch weitere Artikel. Ein emeritierter Professor, der mit richtigem Namen zu zeichnen schien, hatte eine Replik auf den Essay eines Klimaskeptikers verfasst. Die Replik war fast doppelt so lang wie der Originalbeitrag. Ansonsten: ein Panoptikum von Orthographiefehlern, aggressiver Ignoranz und Ressentiments gegen alles, was nicht exakt der eigenen Meinung oder dem eigenen Milieu entsprach. Er konnte kaum glauben, dass es wirklich Leser seines Blatts waren – der wichtigsten Wochenzeitung des Landes –, die sich hier virtuell erleichterten. Auf alle Fälle war er sich ziemlich sicher, dass solche Pöbelplattformen ein vorübergehendes Phänomen waren. Wahrscheinlich hatte der Medienkolumnist recht: Die Zukunft gehörte Myspace und Second Life.

Er scrollte hinunter und stieß auf Gerda Müllers Anti-Bush-Kolumnen, die sie zunächst widerwillig, dann mit zunehmendem Eifer schrieb. Er stutzte: null Kommentare.

Offensichtlich hatte der Overkill an Medienberichten zum Irakkrieg die Leserinnen und Leser abgestumpft. Er wollte sich ausloggen, klickte aber noch rasch auf T.s jüngsten Leitartikel: «*Thank you, guys* – Wie die Alliierten Freiheit und Demokratie in den Irak bringen». Vierzig oder mehr Kommentare! Aha, doch kein Overkill. Anscheinend hatte er etwas nicht begriffen. Nur was?

Gedankenverloren überflog er die Lesereinträge. Es fiel ihm schwer, sich einzugestehen: Zwar stand ihm Gerda Müllers Haltung zum Irakkrieg näher als jene von T. Zwar schrieb sie doppelt so elegant und dreimal so witzig wie der Chefredaktor. Aber letztlich ließen einen ihre Kolumnen kalt. Es handelte sich um wohlformulierte Paraphrasen der vorherrschenden Meinung. Es fehlte ihnen an Sprengkraft. Sie animierten zum Nicken, aber kaum zum Nachdenken. Vielleicht hatten die Positionen der Linken ihr Provokationspotential eingebüßt?

Ganz im Gegensatz zu T.s Kommentaren. Geradlinig wie ein Highway durch den Mittleren Westen, schmucklos wie eine DDR-Amtsstube, monoton wie ein Hit von Status Quo, vorhersehbar wie die Pointen der Schmirinskis. Und doch schien nach jedem Beitrag das halbe Land aufzujaulen. Bei einigen Aufjaulern wünschte man sich allerdings, sie jaulten offline. Muslimfeindliche Eruptionen («Ziegenficker», «Terrorreligion») wechselten mit Verlautbarungen, die auf einer Melange aus Verschwörungsphantasien, Pazifismus und Antisemitismus gründeten («Alliierte Truppen im Solde der Israel-Lobby»). Gab es das eigentlich: Menschen, die zugleich antisemitisch und islamophob waren? Jedenfalls schienen seit dem 11. September die christlich-abendländischen Suprematisten die Reihen zu schließen.

Ihr Neo-Kolumnist und Vielleicht-Investor Jean Roemer kam ihm in den Sinn (die Kolumne war eine Enttäuschung, Klassenkampf von oben). Schon längst hätte er weiterrecherchieren wollen, was es mit dem Treffen zwischen Roemer und dem finnischen Holocaust-Leugner auf sich hatte. Und, klar: In nüchternem Zustand konnte er nicht länger ausschließen, dass T. eben doch in der Sache mit drinhing. Immerhin hatte er neulich für betretenes Schweigen gesorgt, als er im kleinen Kreis verschämt vom «potentiellen Loyalitätskonflikt» sprach, dem sich «unsere jüdischen Mitbürger» ausgesetzt sähen, wenn «die Interessen Israels» betroffen seien.

Bis jetzt hatte ihm die Energie gefehlt, der undurchsichtigen Angelegenheit auf den Grund zu gehen. Selbst unter normalen Umständen war Journalismus ein anstrengender Beruf. Eine Zeitung zu machen oder nur schon einen einzelnen Artikel zu schreiben waren anspruchsvolle Tätigkeiten. Wenn dann noch interne Querelen und ständige Unsicherheit über die Zukunft des eigenen Blattes hinzukamen …

Er nahm den Staatskalender aus dem Büchergestell und suchte die Telefonnummer der Gemeindeverwaltung von Ritzwil heraus. Daraufhin begab er sich zu dem leerstehenden Großraumbüro im sechsten Stock, das redaktionsintern «Geheimloge» oder «P2» genannt wurde, weil sich viele Journalisten dorthin zurückzogen, wenn sie nicht wollten, dass ihnen jemand beim Telefonieren zuhörte. Er unterdrückte seine Handynummer, bevor er bei der Gemeindeverwaltung anrief. Eine Frau mit dem charmanten, aber nahezu unverständlichen Akzent eines Bergkantons nahm ab.

Er stellte sich als «René Hugentobler» vor und formulierte sein Anliegen. Es dauerte einen Moment, bis er verstand, dass sie verstand. Beim Veranstalter des, wie sie es ausdrückte, «geselligen Vortragabends» handle es sich um einen Deutschlehrer im Ruhestand. Dieser sei sicher gerne bereit, ihm den Kontakt zu dem «finnischen Professor» zu vermitteln. Ohne Gegenfrage gab sie Namen, E-Mail-Adresse und Telefonnummer des pensionierten Deutschlehrer-Nazis heraus. Er bedankte sich und wünschte einen schönen Tag. «Das winschu ich ew öi», antwortete sie beschwingt.

Schon nach dem zweiten Klingeln nahm der Nazi-Rentner ab und nannte schroff seinen Namen. Erneut stellte er sich als René Hugentobler vor. Er gehöre zu einem Kreis historisch interessierter Patrioten und suche Kontakt zu Doktor Laitanen. Der habe doch neulich in Ritzwil einen hochinteressanten Vortrag gehalten. Woher er seine Nummer habe, fragte der Rentner-Nazi misstrauisch. Von Frau Zenklusen von der Gemeindeverwaltung, antwortete er wahrheitsgetreu. Es raschelte einige Sekunden durch die Leitung, dann diktierte der Mann Laitanens E-Mail: esko@truthseeker.co.zw – eine Adresse mit simbabwischem Länderkennzeichen.

«Waren Sie denn an dem Vortrag dabei?», fragte der Altlehrer-Nazi. «Ich habe fast keine unbekannten Gesichter gesehen.»

«Leider nein.» Er zögerte kurz, ergänzte dann: «Ich bin ein guter Bekannter von Jean, und der war, soviel ich weiß, mit dem Chefredaktor irgendeiner Zeitung dort.» Noch ehe er die Wirkung seines Bluffs abschätzen konnte, legte der Mann auf.

# 21

Wer hätte das gedacht. Die Ausfahrten an den Stadtrand wurden ihm allmählich zur liebgewonnenen Gewohnheit. Wie immer stellte Damir sein Breezer an der Bushaltestelle ab. Auch wenn er nicht hätte erklären können, wieso: Er wollte vermeiden, dass die anderen sein teures Fahrrad zu Gesicht bekamen.

Er war spät dran; in weniger als einer Viertelstunde begann das Abendgebet. Als er von der Shisha-Bar nach Hause gekommen war, um sich frisch zu machen, hatte Henri in seinem Zimmer auf ihn gewartet. Er hockte auf dem senfgelben Sitzsack und blätterte in einem Fantasy-Magazin. Damirs Mutter hatte ihn hereingelassen, was sie sonst nie tat. Henri sah ihn finster an. Was ist los, wieso meldest du dich nicht, bist du sauer auf mich, nicht mal auf meine SMS antwortest du.

Er wusste nicht, was sagen. Es tat ihm leid. Es war einfach so. Nach einigen Minuten Hin und Her sagte Damir, er müsse jetzt los, Spätschicht. Er versprach anzurufen, «nächste oder übernächste Woche».

Henri schüttelte traurig den Kopf. «Ich dachte, wir seien Freunde.»

«Sind wir auch», hatte Damir geantwortet.

Und darum blieb ihm jetzt fast keine Zeit mehr für das Wudu. Geschweige denn für eine Zigarette. Er eilte die Treppe zur verbeulten Eingangstür hoch und betrat den Vorraum der Moschee. Es roch nach Schweiß, Moder und dem Tee, der in Großpackungen zuoberst auf dem Schuhgestell lagerte.

Kein besonders angenehmer Geruch. Dennoch löste er bei Damir ein Gefühl der Geborgenheit aus. Beim Versuch, die neuen Timberlands möglichst rasch auszuziehen, hätte er beinahe das Gleichgewicht verloren. Auf dem Weg zur Toilette, der durch den Gebetsraum führte, hielt er nach Mohamed und den anderen Ausschau. Sie standen nicht wie üblich vorn beim Imam, sondern hatten sich in eine Ecke zurückgezogen und schienen heftig zu diskutieren. Ein bleicher Mann mit Knollennase und rötlichem Vollbart, den er hier noch nie gesehen hatte, stand bei ihnen und fuchtelte mit einem Blatt Papier.

Damir wusch sich hastig und ging zurück in den Gebetsraum. Sollte er sich vorne hinstellen oder nach hinten zu den anderen gehen? Er ging nach hinten. Mohamed begrüßte ihn fahrig.

«Alles in Ordnung?», fragte Damir.

«Reden wir später», antwortete Mohamed, «die *salāt* beginnt gleich.»

«*Allāhu akbar*», sprach der Imam.

«*Allāhu akbar*», wiederholte Damir mit fester Stimme.

Nach dem Gebet kam keiner von Mohameds Freunden auf ihn zu, um ihn zu umarmen, wie sie es sonst immer taten. Stattdessen diskutierten sie weiter. Also stellte er sich dazu.

«... weshalb es höchste Zeit ist, den Kuffar eine Lektion zu erteilen», schimpfte der Bleiche mit der Knollennase.

«Aber ist es denn statthaft, Probleme mit Gewalt zu lösen?», warf Mohamed lächelnd ein.

Die anderen wiegten die Köpfe und murmelten vor sich hin.

Der Bleiche, der nicht viel älter sein konnte als Damir, antwortete ohne zu zögern: «Der Prophet, Frieden und Segen seien auf ihm, hat kundgetan, wie wir mit denen verfahren sollen, die unsere Religion verhöhnen: ‹Verflucht, wo immer sie gefunden, sollen sie ergriffen und niedergemetzelt werden.›»

Mohamed hob den Zeigefinger, als sei ihm ein Gedanke gekommen: «Aber wir reden hier über Leute der Schrift, Juden und Christen. Da verhält es sich bestimmt anders, nicht wahr, Bruder?»

Der Hellhäutige schüttelte den Kopf und blickte bedeutungsschwer in die Runde. «‹Zwischen uns und euch ist Feindschaft und Hass für immerdar entstanden, bis ihr an Allah allein glaubt.› So lauten die Worte des Propheten, Frieden und Segen seien auf ihm.»

Damir fand die Diskussion doof, hielt aber den Mund. Neulich hatte er in der Shisha-Bar mit einem Gast gewitzelt, bin Laden sehe aus wie Jesus, wenn der fünfzig geworden wäre, woraufhin Mohamed ausgeflippt war.

Mohamed legte die Hand auf seine Schulter und sagte: «Ich habe euch noch gar nicht bekanntgemacht. Das ist unser Bruder Alex Abdulkadir. Er hat vor einiger Zeit den Weg zum rechten Glauben gefunden. Ein Vorbild.»

«Und du musst Damir sein», sagte der Hellhäutige freundlich.

Cool, sein Chef erzählte anderen von ihm. Damir fühlte sich geschmeichelt.

Alex. Er war mal mit einem Typen im Hort gewesen, der so hieß. Super Fußballer, fing aber mit zwölf zu kiffen an. Sein Namensvetter hier sah nicht nach Sportskanone aus.

Alex trat ein wenig näher und hielt ihm die Fotokopie eines Zeitungsberichts vors Gesicht. Damir hatte noch nie von der Zeitung gehört. Wenn er etwas las, dann *Print* – Game-

Seite, Sportresultate, Ausgehtipps und immer den Comic. Er starrte auf die Fotokopie. Ziemlich kompliziert geschrieben, dachte er.

Alex stellte sich neben ihn und las vor: «... ist frei von Sentimentalitäten und Sensibilitäten festzustellen, dass es sich beim Islam um eine *inhärent* rückständige und gewaltbereite Religion handelt. Eine Erkenntnis notabene, zu der vor fast dreihundert Jahren bereits der große französische Aufklärer Voltaire gelangt ist. Darum sei die Frage erlaubt: Worauf gründet dieser grenzenlose Optimismus der Multikulti-Enthusiasten, dass all die Kopftuchfrauen, gottesfürchtigen Bärte und misogynen Jungmänner, die sich bei uns eingenistet haben, willens und fähig sind, die Werte des Westens anzunehmen? (Vorausgesetzt natürlich, man ‹integriert›, sprich: hätschelt die muslimischen Mitbürger hinreichend ...) Sowohl die historischen Fakten wie auch die Erfahrung der jüngeren Vergangenheit legen einen anderen Schluss nahe: Der Islam gehört nicht nach Europa. Er ist unvereinbar mit unserem *way of life*.»

Alex sah Damir erwartungsvoll an. «Dicke Post, gell?»

Damir nickte vage.

«Du bist doch Bosnier», fuhr Alex fort. «Seit wann gibt es bei euch Muslime?»

Puh, darüber hatte er sich noch nie Gedanken gemacht. Seine Großmutter war auf alle Fälle Muslimin. Dann kam ihm in den Sinn, dass er mit Mohamed mal über dasselbe Thema gesprochen hatte. Von wegen, Muslime seien das sechsundvierzigste Land Europas. «Schon ziemlich lange», sagte er cool.

«Verdammt lange», sagte Alex. «Um genau zu sein, seit einem halben Jahrtausend.»

«Ist ja voll krass!», tat Damir überrascht.

Alex legte den Arm um ihn, als seien sie dicke Freunde. Eindringlich flüsterte er ihm ins Ohr: «Die Kuffar haben dich aus deiner alten Heimat vertrieben; jetzt wollen sie dich aus der neuen vertreiben. Es ist Krieg. Entweder du kämpfst oder du gehst unter.»

Damir fand, dass es für einen Krieg Panzer und Soldaten in Uniform brauchte, sagte aber nichts, weil Mohamed noch immer in Hörweite war. Alex zog den Arm wieder weg und kramte in seiner Dschellaba. Er nahm einen weiteren Zettel heraus, den Ausdruck eines Chats, wie es schien. «Und schau mal, wie wir auf der Webseite des Kreuzzügler-Blatts genannt werden: Ziegenficker.»

Ziegenficker. Damir schwieg. Wie er das Wort hasste. Er lief doch auch nicht durch die Gegend und teilte «Kuhficker» aus. Genau das hätte er tun sollen, als ihn Rico zu Boden warf! Er musste lächeln und versuchte sich vorzustellen, wie die Typen aussahen, die einen solchen Scheiß schrieben. Vermutlich gehörten sie in dieselbe Kategorie Bauernschädel wie Boris und Rico. Einfach älter und mit Brille.

So viel stand fest: Für jedes «Ziegenficker» gab's künftig drei «Kuhficker» in die Fresse.

# 22

Karina konnte es nicht leiden, wenn er unpünktlich war. Also ging er schneller, den Schirm in der einen, das Geburtstagsgeschenk in der anderen Hand, darauf achtend, dass er mit seinen Wildlederschuhen in keine Pfütze trat. Als er unter dem Schirm hervorlugte, um sich zu orientieren, sah er ein tantiges Wesen in Windjacke auf sich zukommen: Heidi. Da begegnete man sich jahrelang nicht und dann gleich zweimal innerhalb weniger Monate. Er hatte weder Lust noch die Zeit, stehen zu bleiben und mit ihr zu reden. Das Gespräch würde bestimmt darauf hinauslaufen, dass er sich für jeden einzelnen Artikel in seinem Blatt rechtfertigen musste, der auch nur einen Millimeter außerhalb ihrer Weltanschauung lag.

Etwas Eigenartiges wurde ihm in dem Moment bewusst: Immer wenn er auf Heidi-Menschen traf, verspürte er eine diebische Freude und auch etwas Stolz, dass er für eine Zeitung arbeitete, von der sich die Mitglieder der rot-grünen Gesinnungskolchose so stark provoziert fühlten wie ein Internatsleiter aus den fünfziger Jahren von Schülern mit Elvis-Tolle. Wenn aber T. seine kriegsverklärenden Meinungsgranaten zündete oder ihr schwerreicher Kolumnist Jean Roemer eine selbstgerechte Geldsacksentenz aufs Papier näselte oder der kleine Koller «Sozialschmarotzer», «Gutmensch» oder sonst eine angelesene Zeitgeistvokabel in seinen verklemmten Mund nahm, verspürte er eine ebenso profunde Abneigung gegen die Zeitung und ihren fortschreitend gruselkabinetthaften Mitarbeiterstab.

Wo nur gehörte er hin?

Und wo war Heidi? Aha, sie hatte die Straßenseite gewechselt. Offensichtlich wegen ihm! Touché, trotz allem. Doch wie sagte der Trainer von Arminia Bielefeld, wie sagten alle Trainer, deren Mannschaften soeben eine schmerzhafte Niederlage erlitten hatten? Spiel abhaken und nach vorne schauen. «Vorne» bedeutete in seinem Fall einen extrem schwierig zu ergatternden Zweiertisch mit Flusssicht im jüngsten Hip-Lokal der Stadt: einem Edel-Japaner namens «Kyoto-Protokoll».

Karina war schon da. Sie saß auf einem Barhocker an der Theke. Der Hocker sah aus wie ein Requisit aus der TV-Serie *Raumschiff Orion*; die Theke bestand aus einer gestylten Holzkonstruktion, über der Designerlampen aus Shoji-Papier schwebten (stand so auf der Homepage). Die gute Nachricht: Karina trug ein ultrascharfes Cocktailkleidchen mit ultrascharfen Lackstiefeln. Die schlechte: Sie rauchte. Das tat sie nur, wenn sie schwierig drauf war.

Er rollte den Schirm zusammen und wischte sich die feuchten Hände an der Rückseite des Regenmantels ab. Dann eilte er auf sie zu. Karina tat so, als habe sie ihn nicht bemerkt. Er küsste sie auf den Nacken und hauchte: «Happy Birthday, Miss Universum.»

Sie blies den Rauch aus, drehte den Kopf halb zu ihm und sagte: «Hast du ein schlechtes Gewissen?»

Das fing ja gut an. «Natürlich! Ich weiß doch, dass ich dich nicht verdient habe.»

«Dann haben wir wenigstens etwas gemeinsam.»

«Fast schon japanisch, unsere Begrüßung.»

«Hä?»

«Wir sind hier in einem japanischen Restau...»

«Nein, wirklich? Und ich Dummerchen dachte, das sei eine Ćevapčići-Bude.»

Om. Om. – «... die Japaner verneigen sich zur Begrüßung und versuchen dabei, sich gegenseitig zu übertreffen.»

Karina erwiderte nichts. Was bedeutete, dass sie auf Anhieb keinen Weg sah, wie sie ihm aus dem Gesagten einen Strick drehen konnte. Sie drückte die Zigarette aus, glitt vom Barhocker und zupfte ihr Cocktailkleidchen zurecht. «Sollen wir an den Platz, ich hab Hunger.» Ähnlich wie sein Chef schaffte sie es, Fragesätze ohne Fragezeichen zu artikulieren. Ob er die beiden dazu animierte? Vielleicht war er der geborene Butler.

Sie stöckelte los, ohne eine Antwort auf ihre fragezeichenlose Frage abzuwarten. Er trottete hinterher und freute sich auf das Schauspiel, das ihm die männlichen Restaurantgäste gleich bieten würden.

Wenn eine schöne Frau einen Raum betrat, ließen sich die Reaktionen der Männer in drei Kategorien einteilen: Es gab den Typ Pawlow, den Typ Doppelagent und den Typ Mike Tyson. Der Pawlow-Mann hatte keinerlei Kontrolle über sein Verhalten. Sobald ein kürzerer Rock, langes blondes Haar oder ein expressives Dekolleté in sein Blickfeld gerieten, und sei es nur für eine Tausendstelsekunde, klappte der Kopf in Richtung des vorbeiziehenden Objekts. Hatte der Pawlow-Mann eine Niete gezogen, schnappte der Kopf sogleich zurück in Ausgangsposition. Präsentierte sich ihm jedoch eine *bellevue*, hefteten sich die Augen wie Saugnäpfe an das georitete Objekt; der Gesichtsausdruck bekam im selben Moment etwas Entrücktes, ins Debile Tendierendes. Nach einigen Sekunden erwachte der Pawlow-Mann aus der Trance und wandte sich schuldbewusst seiner Ehefrau, Freundin oder

Bekannten zu – ohne Erinnerung daran, ob diese ihm vielleicht soeben eröffnet hatte, dass sie schwanger sei oder an Leukämie erkrankt.

Der Doppelagent hatte sich besser im Griff. Ortete sein inneres Frauen-Echolot ein sexy Wesen, beugte er sich ein wenig über den Tisch und sah der Ehefrau, Freundin oder Bekannten tief in die Augen, uneingeschränkte Aufmerksamkeit vortäuschend. Sobald die sedierende Wirkung seiner Einlullstrategie eingesetzt hatte, taxierte er mit dem einen Auge das sexy Wesen, während das andere auf dem Gegenüber ruhen blieb, wie ein dösender Wachmann, der Präsenz mimte.

Der Typ Mike Tyson schließlich war von gänzlich unbefangener Natur, kannte keine Furcht, keine Skrupel, keine Taktik. Sondern nur Attacke frontal. Er glotzte jede Frau innerhalb weniger Sekunden k.o.

Heute Abend schien jedoch in dem Lokal ein anderer, gewissermaßen außer Konkurrenz stehender Typ ungewöhnlich zahlreich vertreten zu sein: Männer, die so apathisch, kurzsichtig, verliebt oder sonst wie im Einklang mit ihrer inneren Mitte waren, dass sie sich von nichts – nicht einmal Karinas Cocktailkleidchen – zu einem streunenden Blick verleiten ließen.

Die Kellnerin führte sie an ihren Platz. Der befand sich ausgerechnet in unmittelbarer Nähe des einzigen Kampfstarrers, den er im Saal hatte ausmachen können. Er saß an einem Vierertisch schräg hinter ihnen, war Mitte oder Ende vierzig und trug ein lachsfarbenes Hemd sowie teuer aussehende Lederslipper. Drei Männer und eine Frau, Arbeitskollegen vielleicht, die Stimmen gut geölt vom Reiswein. Karina hatte den Blick des gelackten Zuchtlachs-Möchtegernhechts kurz erwidert, was ihn absolut rasend machte. Immerhin, sie wählte den ihm abgewandten Platz, so dass Mike Zuchtlachs für den Rest des Abends freie Sicht auf ihre Sitzlehne genoss.

Karina schien jetzt in besserer Stimmung. Wahrscheinlich hatte der Ganzkörperscan durch den Lachsaffen sie aufgeheitert. Sie bestellten Prosecco und küssten sich. Dann schob er sein Geschenk über den Tisch und sagte so aufgestellt, wie er nur konnte, zum zweiten Mal an diesem Abend: «Happy Birthday!» Eigentlich hielt er es für überflüssig, Worten mittels Lautstärke oder Expressivität Nachdruck zu verleihen. Sonst konnte man gleich singend oder pantomimisch kommunizieren. Aber erstens sah das Karina ein wenig anders, und zweitens wollte er eine starke Botschaft in Richtung Vierertisch aussenden.

Karina überflog die Postkarte mit den Geburtstagswünschen, an denen er mindestens zwanzig Minuten herumformuliert hatte. Dann öffnete sie das würfelförmige Paket und sagte tonlos: «Aha, eine CD.»

Falsch, dachte er. Eine schwierig zu findende, obercool gestaltete, schweineteure CD-*Box* mit sämtlichen legendären Tracks exakt jener Stilrichtung, die du (unverständlicherweise) am allerliebsten magst.

«‹Eine kleine Nacht-Music›», murmelte sie. «Ist das nicht – Mozart?»

Er grinste. «Fast. Stell das Teil auf den Kopf und lies die fluoreszierende Unterzeile.»

Sie las vor: *«Von Frankie Knuckles bis Daft Punk: Die nicht so kurze Geschichte des House.»*

Er sah sie erwartungsvoll an. Sie lächelte und sagte: «Vielen Dank, wollen wir Essen bestellen?»

Als Entree gab es Kani Sunomono, Krabbenfleisch an

Essigsauce. Sie aßen schweigend. Karina hatte unzählige Nächte zu House-Musik durchgetanzt. Auch auf ihrem Walkman hörte sie kaum etwas anderes. Was also passte ihr nicht? Einmal mehr musste er feststellen, dass er kein gutes Händchen mit Frauengeschenken hatte. Missmutig blickte er zum Vierertisch, an dem sich blökendes Gelächter entlud. Eine Schafherde auf Ecstasy.

Er hatte die Nase voll von dem Schlechte-Laune-Theater. Er ergriff Karinas Hand und sagte: «Hey Liebste, du bist so distanziert. Habe ich etwas Falsches gesagt oder getan?»

Sie zog die Hand weg. «Gestern musste ich mich vor meinen Freundinnen rechtfertigen, weil ich mit einem Typen zusammen bin, der für eine Jugohasser-Zeitung schreibt. Weißt du, wie demütigend das ist?»

Er war zu perplex, um sagen zu können, welches Gefühl überwog: Bestürzung, Beschämung, Ärger – oder Erstaunen darüber, dass man neuerdings selbst in Karinas Clique mitbekam, was in seinem Blatt geschrieben stand. Er sagte ruhig: «Jugohasser-Zeitung ist ein hartes Urteil. Wie kommst du darauf?»

Sie schüttelte ungläubig den Kopf: «Der Artikel in der letzten Nummer?»

Er wusste beim besten Willen nicht, wovon sie sprach. Aber eine Bemerkung im Stil von «Wir bringen doch in jeder Ausgabe ein halbes Dutzend xenophobe Artikel» würde die Stimmung jetzt auch nicht entkrampfen. Also lieber nachdenken.

«Koller!», rief er schließlich so laut aus, dass Mike Lachssack sogleich herübergaffte.

«Was hast du gesagt?», fragte Karina unwirsch.

«Wir haben seit einigen Wochen einen Volontär namens

Stefan Koller. Er ist hässlich wie ein Nacktmull und kleidet sich, als sei er Ladendetektiv in der EPA. Das Schlimmste aber ist seine Stimme. Dagegen klingt eine heisere Stockente wie Barry White.»

Karina kämpfte gegen ein Lächeln an. «Wie sieht denn ein Nacktmull aus?», fragte sie etwas freundlicher.

«Stell dir eine haarlose Laborratte mit entstelltem Gebiss vor», antwortete er, zuversichtlich, dass Karinas Nörgelanfall damit vorbei war.

«Und was ist mit Volontär Nacktmull?», fragte sie, mittlerweile kichernd.

«Er ist ein reaktionäres Arschloch und hatte diesmal, glaube ich, etwas zum Thema Ausländerkriminalität im Blatt.»

«Du glaubst?» Sie klang sofort wieder kühler.

Er machte eine lässige Handbewegung und sagte aufgeräumt: «Ich lese diesen Schwachsinn doch nicht!»

Sie, jetzt eisig: «Ich dachte, du seist der Chef?»

«Halbchef», wiegelte er ab. «Halbchef, Halbschuh, halbstark.»

Sie blickte ihn ausdruckslos an.

Er versuchte es noch einmal: «Wenn in deiner Krippe einem Baby ein Stinkefürzchen entfährt, dann beschäftigt dich das auch nicht groß. Du wedelst mit der Hand und fährst mit deiner Arbeit fort. Und ich blättere weiter.»

Sie hatte den Mund leicht geöffnet, ihre Nasenflügel flimmerten vor Wut. Wie sexy das aussah! Aber klar, wenn sie diesen Grad an Aufgebrachtheit erreicht hatte, gab es nur zwei Möglichkeiten: sofortiger Rückzug oder Gegenangriff. Es lief wohl auf Rückzug hinaus, immerhin hatte Karina Geburtstag, da wollte er ihr keine Szene machen.

Andererseits …

Er lehnte sich nach vorn und kniff die Augen zusammen. «Schau, wenn du schlechte Laune hast, ist das okay. Und wenn es dich angurkt, einen Abend mit mir im besten Restaurant der Stadt zu verbringen, ist das ebenfalls okay. Oder bist du enttäuscht über mein Geschenk, ein Sammlerstück, das ich in Berlin für dich aufgetrieben habe? Auch damit kann ich leben.» Er holte tief Luft. «Aber die selbstgerechte Art, wie du über meine Arbeit urteilst, finde ich extrem daneben. Du maßt …»

Er stockte. Tränen liefen ihr übers Gesicht.

Die Tränen machten ihn noch wütender. Sie würden ihn nicht davon abhalten klarzustellen, was es klarzustellen galt. Auch würde er später nichts zurücknehmen. «… du maßt dir ein Urteil an, obwohl du nicht einmal genau weißt, was ich bei der Arbeit mache, wofür ich verantwortlich bin und wofür nicht. Das wiederum hat dich nicht daran gehindert, vor deinen Freundinnen damit zu prahlen, was für einen Starjournalisten du dir doch geangelt hättest, als ich diesen Job annahm.»

Sie gab heulend zurück: «Wäre ich das dämliche Groupie, als das du mich gerade hinstellst, dann hätte ich mir einen tollen Hecht – ge*angelt*.» Sie spuckte das Wort förmlich aus. «Und keinen selbstgefälligen, durchschnittlich aussehenden Schreibtischfritzen.»

Er lächelte süffisant. Es dauerte einige Sekunden, bis Karinas Worte ihre Wirkung entfalteten. So wie es im ersten Augenblick nicht weh tut, wenn man sich mit einem Messer in den Finger schneidet.

Sie hatte jetzt aufgehört zu weinen und sah ihn herausfordernd an.

Er schwieg.

Sie schniefte: «Sogar den schmutzigen Krieg der Amerikaner im Irak unterstützt ihr, obwohl dort jeden Tag Unschuldige getötet werden, darunter Frauen und Kinder. Lässt dich das völlig kalt?»

Er beugte sich noch weiter vor, woraufhin sie sich im Stuhl aufrichtete und die Arme verschränkte. Mit bebender Stimme antwortete er: «Jedenfalls nicht *so* kalt wie dich das Gemetzel in Jugoslawien. Bevor wir uns kennengelernt haben, wusstest du nicht einmal, wie man Srebrenica buchstabiert.»

Karina wischte sich sorgfältig zwei Tränen aus den Augen. Dann griff sie nach ihrer Handtasche und ging.

# 23

Er hielt den Schirm dicht über dem Kopf, damit niemand sah, wie er weinte. *Boys don't cry.* Als Teenager hatte er lange Zeit nicht verstanden, dass der Song seiner Lieblingsband ironisch gemeint war. Bettina behauptete immer, Weinen hätte etwas Kathartisches. Er fand: Weinen war wie mit Heuschnupfen durch eine Blumenwiese spazieren. Es machte alles nur noch schlimmer.

Bettina! Der Gedanke an sie versetzte ihm einen Stich. Zwar waren seine Gefühle ihr gegenüber seit Jahren rein freundschaftlich. Doch mittlerweile war ihr Name untrennbar mit dem einer anderen Frau verbunden: Karina. Die beiden hatten sich von der ersten Begegnung an, einem Weihnachtsessen bei ihm zu Hause, nicht ausstehen können. In der Steinzeit wären sie mit Faustkeilen aufeinander losgegangen. Da man das 21. Jahrhundert schrieb, beschränkten sie sich auf symbolische Keilereien – eine Art *mud wrestling* mit Gesten, Blicken und Bemerkungen. Ihre leidenschaftliche Abneigung gegeneinander war rasch zum *running gag* in seinem Freundeskreis geworden. Er lächelte wehmütig.

Im nächsten Moment dachte er an den Morgen, an dem seine Mutter gestorben war. Niedergestreckt vom Krebs und benommen vom Morphin, hatte sie ihn «Hanspeter» genannt. So hieß ihr Bruder. «Danke, Hanspeter», das waren ihre letzten Worte. – Warum kam ihm der schlimme Moment ausgerechnet jetzt in den Sinn? Vermutlich, weil es das letzte Mal gewesen war, dass er geweint hatte.

Ohne es zu merken, war er an der Busstation vorbei stadtauswärts gegangen. Nun befand er sich näher an der Redaktion als an seiner Wohnung. Er beschloss, noch ein wenig zu arbeiten. Schlafen konnte er sowieso nicht. Und in eine Bar traute er sich nicht. Er war nicht in der Verfassung, sich unter Menschen zu begeben. In der Redaktion konnte er sich ablenken, E-Mails und liegengebliebene Zuschriften beantworten, überlange Artikel aus amerikanischen Intelligenzblättern lesen.

Im Halbdunkel lauernde Büropflanzen, verlassene Pförtnerlogen, dämonisch beleuchtete Notausgänge, das Brummen unbekannter Apparaturen: Geschäftshäuser außerhalb der Geschäftszeiten waren keine Seelenwärmer. Er betrat den Lift und drückte den Knopf zum fünften Stock. Vielleicht erwartete ihn dort oben ein Wesen mit Klumpfuß und Dreizack. Oder eine Nacktmullkolonie, die im Chor «Sozialschmarotzer» fiepte.

Als er durch die leere Redaktion zu seiner Kaderecke schritt, hörte er eine Stimme. Wortfetzen drangen an sein Ohr. «Absolut», «historischer Kontext», «Mitverantwortung», «eine Art Notwehr». T. saß in seiner Glaskabine und telefonierte. Die Tür war angelehnt. Er versuchte, sich unbemerkt zu nähern, um mithören zu können, worum es in dem Gespräch ging. Doch T., der ihm den Rücken zugewandt hatte, schnellte in seinem Sessel herum und sah ihn, so kam es ihm vor, einen Moment lang feindselig an. Er murmelte «Ich muss jetzt» in den Hörer und legte auf. Daraufhin sagte er strahlend: «Willst du mir die Journalistengewerkschaft auf den Hals hetzen? Ich seh schon die Schlagzeile: ‹Chefredaktor nötigt Mitarbeiter zu Nachtarbeit›.»

«Nein, äh, ich habe – wollte nur …»

T. knuffte ihn in den Arm. «Du warst schon schlagfertiger. Überhaupt siehst du ein wenig mitgenommen aus. Magst du etwas essen? Ich habe Sushi bestellt.»

«Sushi!», japste er.

T. blickte amüsiert. «Habe ich etwas Falsches gesagt? Du bist doch nicht etwa der heimliche Anführer einer veganisch-freimaurerischen Untergrundorganisation?»

Er machte ein Gesicht, als sei vor seinen Augen ein Atompilz aufgestiegen.

«Geht es dir gut?», fragte T. jetzt ernster und auch ein wenig misstrauisch.

Endlich hatte er sich wieder einigermaßen im Griff. Er antwortete: «Doch, doch. Es ist bloß, dass ich soeben mit meiner, ähm, Freundin japanisch essen war.»

«Was für eine Koinzidenz», brummte T., nicht sonderlich überzeugt von der Begründung seines Mitarbeiters für dessen sonderbares Benehmen.

T. spielte mit der Kette seines Schweizer Messers, das er stets auf sich trug, selbst dann, wenn er einen Anzug anhatte. «Deine Freundin», sagte er schließlich, «habe ich die nicht mal von weitem gesehen, als ihr zusammen aus dem Kino kamt?»

«Kann sein», antwortete er reserviert. Heiligemariamuttergottes, bitte jetzt kein Gespräch über Karina. Bitte. Bitte.

T. schob die Zunge in die Backe und nickte anerkennend, als sei er Juror einer Castingshow. «Bildhübsche Frau, gratuliere. Eine Südländerin?»

Er wollte erwidern, dass Karina, ganz im Gegenteil, im Norden der Stadt aufgewachsen sei, als ein eigenartiges Gongsignal ertönte.

Sie schauten sich ratlos an, bis T. sagte: «Das muss der

Sushi-Kurier sein. Vermutlich kommt er nicht ins Gebäude. Bin gleich zurück, warte.» T. erhob sich und ging in seiner walzenden, zugleich flinken Art zum Aufzug.

Er blieb sitzen und dachte nach. Sein Herz fing an zu klopfen. Jetzt oder nie! Er blickte hinüber zum Korridor, sprang auf und ging um T.s Pult herum. Mit zitternder Hand nahm er den Telefonhörer von der Gabel und drückte die Repeat-Taste. Er griff nach einem Stift und notierte die Nummer, die auf dem Display erschien. Null, null, drei, fünf ... War das nicht die Vorwahl von Irland? Und wie lautete eigentlich die von Finnland? Er steckte den Zettel in die Designerjeans, die er zur Feier des Tages trug, und lief stracks in Richtung Lift, um sicherzugehen, dass T. ihn nicht gesehen hatte. Auf halbem Weg kam dieser um die Ecke gebogen, Handy am Ohr und eine schwarze Sushi-Box in der Hand.

Er machte ein Zeichen, dass er sich schlafen legen wolle, T. quittierte mit verständnisvollem Nicken und walzte an ihm vorbei. Er verließ das Pressehaus und ging eine Weile stadteinwärts. Sollte er die Nummer jetzt noch anrufen? Es war fast elf. Besser, er hielt sich an die Losung: Verschiebe stets auf morgen, was dir heute bereitet Sorgen. Er winkte ein Taxi heran und fuhr nach Hause. Daheim nahm er ein Kingfisher aus dem Kühlschrank, legte sich auf die alte Ikea-Couch und schaltete den Fernseher ein. (Wenigstens gab es jetzt niemanden mehr, der maulte, er solle sich endlich «ein Erwachsenensofa» anschaffen.)

*Breaking News*: CNN meldete den Abschuss eines amerikanischen Armeehelikopters über Falludscha. Mehr als ein Dutzend Soldaten seien ums Leben gekommen. Er zappte sofort weiter.

Eurosport (sein zweitliebstes Medium nach dem *New*

*Yorker*) übertrug die Darts-Weltmeisterschaften. Ein Engländer mit Bierbauch, Stirnglatze und Unterarmtätowierungen spielte gegen einen Engländer mit Bierbauch, Stirnglatze und Unterarmtätowierungen. Nach zwei Sätzen und drei Kingfisher schlief er ein.

Am nächsten Morgen erwachte er mit einem diffusen, aber umfassend miesen Gefühl. War er erkältet? Nein, er hatte bloß etwas zu schnell etwas zu viel getrunken. Das war es aber nicht, was ihn bedrückte. Richtig: die Arbeit. Das eigenartige Zusammentreffen mit seinem Chef, der Zettel mit der ominösen Telefonnummer, der Finne, Jean Roemer, der kleine Koller, das stumme Zerwürfnis mit Gerda, der Überfall ... Er war jetzt hellwach. Oder genauer: Körperlich fühlte er sich müde, schlapp, als habe er gestern eine Stunde Squash gespielt. Im Kopf aber wüteten die Gedanken. Er spürte, dass da noch mehr war. Ach ja: Karina.

Mit Schlafen war es nun endgültig vorbei. Er stand auf, schlurfte ins Bad, blickte in den Spiegel, beschloss sich zu rasieren, öffnete den Toilettenschrank – und sah das Regalbrett mit den säuberlich aufgestellten Kosmetikartikeln. Wie oft hatte er sich bei Karina über die Unordnung beschwert! Sie fand das immer total stier. Er antwortete jeweils: Das sagt ausgerechnet jemand, der nie bei Rot über die Straße geht und jede zweite Woche die Fußmatte ausklopft. Nun hatte sie ihm zuliebe aufgeräumt. Er kämpfte mit den Tränen.

Er ging in die Küche. Im Stehen aß er ein Kokosjoghurt, seine Lieblingssorte, leider viel zu selten im Angebot. Er blätterte die drei Tageszeitungen durch, die er abonniert hatte (zwei auf Spesen, eine selbst bezahlt). Alle drei machten mit dem Helikopterabschuss über Falludscha auf. Und alle drei waren sich einig: Die Besatzung entwickelte sich zum Desaster.

Weit und breit kein Blatt, das die fromme Eintracht störte – außer jenes, bei dem ausgerechnet er in leitender Funktion tätig war. *Fhrngsvrntwrtng.* War es denn so schlimm, wenn von Dutzenden Zeitungen eine einzige sich dem Konsens verweigerte? War ein bisschen Widerspruch, selbst wenn er ungehobelt daherkam, nicht im Gegenteil ein Segen oder zumindest ein notwendiges Übel? Wozu Pressefreiheit, wenn sich alle die Freiheit nahmen, dasselbe zu meinen? Andererseits: Entsprang das, was in seinem Blatt stand, tatsächlich noch einer erkenntnisbefördernden Lust am Widerspruch?

Gestern vor dem Fernseher hatte er während der häufigen Werbepausen in der neuen Nummer gelesen. Ein Gastkommentator verkündete, dass der Notre-Dame in Paris dasselbe Schicksal drohe wie der Hagia Sophia unter den Osmanen. Dass mit anderen Worten muslimische Horden dieses epochale Bauwerk der Christenheit in absehbarer Zeit in eine Moschee mit Minaretten umwandeln würden. So etwas war doch einfach nur noch übergeschnappt, ein Fall für den Psychiater, demagogischer Nihilismus.

Er trat heftig gegen den Abfallkübel, so dass dieser zur Seite kippte. Es reichte jetzt. Er hatte genug. Genug von sich selbst. Genug von seiner gottverdammten Lavierererei. Wie ein dummer kleiner Hund drehte er sich im Kreis. Das musste aufhören. Diese Woche, heute, sofort, so rasch wie möglich.

Er blickte auf die Küchenuhr. Mist. 8.37 Uhr. In etwas mehr als zwanzig Minuten begann die große Redaktionskonferenz. Da sollte er wohl oder übel noch hin, nur schon seinem Team zuliebe. Er eilte ins Schlafzimmer, riss die Schranktür auf, fand kein frisches Hemd, nahm stattdessen ein T-Shirt, stieg in die Designerjeans, bemerkte den Fettfleck mitten auf dem rechten Oberschenkel, zischte einen Fluch, nahm eine andere Hose aus dem Schrank, erinnerte sich plötzlich an die Verabredung am Abend mit Doppelhuber, wühlte im Wäschekorb, fischte zwei seiner liebsten Hemden heraus, hetzte in die Küche und schmiss die Hemden zusammen mit der Jeans in die Waschmaschine. (Jetzt, wo er wieder solo war, lohnte es sich, in der Öffentlichkeit eine gute Falle zu machen, selbst wenn der Datingpartner bloß Doppelhuber hieß.) Er stellte den Regler auf Feinwäsche, drückte den Startknopf und verließ das Haus.

# 24

Die Mutter reichte der Kassiererin zwei Geldscheine und einen Bogen Rabattcoupons, während Damir die mitgebrachten Einkaufstaschen füllte. Großeinkauf mit Mami – bis vor kurzem hätte die Vorstellung einen epileptischen Anfall bei ihm ausgelöst. Jetzt erfüllte es ihn mit Stolz, wenn er sich nützlich machen konnte. Das Vollbringen einer guten Tat – man nannte das *sadaqa*, wie er von Mohamed wusste – gab ihm das Gefühl, erwachsen zu sein. Gerade rechtzeitig vor seinem zwanzigsten Geburtstag.

Er hob die drei prallen Taschen von der Ablage – mühelos, wie er zufrieden feststellte, Judo und Krafttraining zeigten Wirkung. Er folgte der Mutter zum Ausgang, als jemand seinen Namen rief. Es klang fremd, fast Arabisch. «Da-miir!» Er blickte sich um: «Alex?» Für einmal ohne Dschellaba, stattdessen in Jeans und gefüttertem Parka, weshalb er ihn nicht auf Anhieb erkannt hatte.

Alex grüßte die Mutter mit «*Assalamu alaiki*». Sie murmelte ein verlegenes «*Wa-alaik assalam*», vermied es jedoch, ihm in die Augen zu sehen.

Die beiden jungen Männer tauschten Belanglosigkeiten aus. Beiläufig fragte Alex, wann man sich das nächste Mal in der Moschee sehe.

«Weiß noch nicht», antwortete Damir, «ich habe zurzeit Spätschicht.»

«Stimmt», sagte Alex, «du arbeitest ja in unserer Shisha-Bar.»

Was er wohl mit «unserer» meinte, das Lokal gehörte doch Mohamed? Er fragte nicht nach.

Bevor sie sich verabschiedeten, drückte ihm Alex einen Zettel mit seiner Handynummer in die Hand. «Falls du mal was brauchst oder quatschen willst.»

Damir wusste nicht recht, was er von Alex halten sollte. Einerseits konnte er ihn nicht ganz ernst nehmen. Machte auf harten Ghettoboy, aber cremte sich nach dem Beten die Hände ein. Erwähnte bei jeder Gelegenheit, wie knapp er bei Kasse sei, aber stolzierte mit einem brandneuen Mac G4 durch die Gegend. Andererseits: Das Pola, auf dem er in einer Gebirgslandschaft zwischen Turban-Typen stand und ein Gewehr in die Höhe reckte? Geil.

Damir und seine Mutter gingen eine Weile schweigend nebeneinander her.

«Wer war das?», fragte sie schließlich.

«Ein Freund aus der Moschee», antwortete er mit etwas zu viel Nachdruck, so wie es manchmal passierte, wenn man sich einer Sache nicht sicher war.

«Die Araber-Moschee am Stadtrand?», fragte sie misstrauisch.

«Sind nicht alle Muslime Brüder, egal, woher sie kommen?», erwiderte er und war stolz auf seine clevere Antwort. Sie sagte nichts. Doch er spürte, dass ihr etwas nicht passte, was ihn gleichzeitig bedrückte und ärgerte.

Mittlerweile waren sie vor dem Hauseingang angelangt. Er sah zu, wie seine Mutter den Briefkasten öffnete und die Post herausnahm. Ob die Ärztin wieder geschrieben hatte?

«Wir haben doch eine eigene Moschee», sagte sie unvermittelt. «Sind unsere Leute nicht gut genug?»

Eine tiefe Wut kroch in ihm hoch, ohne dass er etwas dagegen tun konnte. Während sie die Treppe hinaufgingen, entgegnete er mit bebender Stimme: «Soll ich etwa Seite an Seite mit *babo* beten? Mit diesem verlogenen Feigling? Niemals!»

Die Mutter blickte Damir erschrocken an und sagte: «Ich möchte nicht, dass du so über ihn sprichst. Er ist immer noch dein Vater.» Sie schloss die Tür auf und trat in die Wohnung.

Damir stürmte mit den Einkaufstaschen an ihr vorbei in die Küche.

Sie folgte ihm und ergriff seine Hand: «*Sine*, versteh doch. Dein Vater …»

Er war jetzt außer sich. «Warum verteidigst du ihn?», fuhr er dazwischen. «Er hat dich zweimal im Stich gelassen. Zweimal!»

Sie zog den Kopf ein, wie ein Bergwanderer, der sich vor herabstürzendem Geröll fürchtet. «Versteh doch», sagte sie erneut, diesmal fast flehend, «es war nicht einfach für ihn.»

«Zweimal!» Damir wiederholte das Wort wie von Sinnen. «ZWEIMAL! ZWEIMAL!»

«Was redest du da?», fragte sie leise.

Er schrie: «Schon damals – in Bosnien!», wagte aber nicht weiterzusprechen.

Als sie begriff, was er damit meinte, wurde ihr Gesicht fahl. Sie ließ seine Hand los und stützte sich auf den Küchentisch. Es sah aus, als würde sie sich vor Schmerz krümmen. Dann setzte sie sich hin. Sie zitterte am ganzen Leib. Sie gab keinen Laut von sich, rührte sich nicht von der Stelle, weinte nicht. Sie zitterte nur. Für einen Moment dachte Damir, seine Mutter hätte einen Herzanfall. Er beugte sich zu ihr hinab und hielt sie fest. «Mama, Mama», schluchzte er.

Sie verharrten eine Weile so. Schließlich sagte sie tonlos: «Du weißt es also.»

Damir richtete sich schwerfällig auf. Er wandte sich von ihr ab und presste das Gesicht gegen den Kühlschrank. Nun hatte er Gewissheit. Mit den Händen schlug er sich ein paarmal hart gegen den Kopf. Dann rannte er in sein Zimmer, schmetterte die Tür hinter sich zu und wählte die Nummer von Alex.

# 25

Die Ampel sprang auf Gelb. Er stieg aus dem Sattel und trat fester in die Pedale. Von rechts schoss ein schwarzer Sportwagen aus einer Ausfahrt. Er musste so stark bremsen, dass er beinahe kopfüber vom Rad gestürzt wäre. Dank Stoßverkehr und zweier leichter Verkehrsübertretungen hatte er den Sportwagen bei der übernächsten Ampel eingeholt. Er fuhr links heran und wartete, bis der Typ zu ihm schaute. Dann hauchte er ein überdeutliches «Wichser» gegen das Seitenfenster. Am liebsten hätte er auch noch den Wohnungsschlüssel hervorgeholt und ein wenig an der Autotür herumgekratzt. So wie der Typ aussah, war er bestimmt eine dieser bonusgesteuerten Manager-Abrissbirnen. Vielleicht war er gerade dabei, eine Traditionszeitung abzuwickeln. Oder, in seiner Sprache, «neu aufzustellen». Zum Beispiel als Online-Zombie mit ganz viel «Service», «Lifestyle», Paarungsannoncen und Sudoku.

Okay, das mit dem Schlüssel war vielleicht keine so gute Idee. Erstens war er zu alt und zu etabliert für pubertären Vandalismus, zweitens blähte sich unter dem gestärkten Hemdkragen der Sportwagenabrissbirne ein gefährlich durchtrainierter Nacken. Der Kampf Mann gegen Mann hatte noch nie zu seinen Kernkompetenzen gehört. In einer Welt im Naturzustand à la Hobbes würde er keine Minute überleben.

Grün. Der Sportwagen röhrte davon, natürlich ein Kavalierstart (doofes Wort), während er kaum vom Fleck kam, da er wegen der Vollbremsung im neunten Gang losfahren musste.

Um 9.02 Uhr betrat er den Führerbunker. Mehr oder weniger die gesamte Redaktion saß schon da. Vor allem saß T. schon da. Seine Laune schien dem Wetter angepasst: leichter Nieselregen bei auffrischendem Biswind. T. blickte auf die Uhr und sagte: «Ich wäre froh, wenn wir jeweils pünktlich anfangen könnten.»

Er nickte lasch. Beim letzten Mal war T. fast eine Viertelstunde zu spät ins Sitzungszimmer geschlendert. Offenbar waren Chefposten der Diplomatenpass der Bürowelt: Man konnte sich Dinge erlauben, die dem Normalvolk nicht gestattet waren.

«Ich habe nachgedacht», sagte T. bedeutungsschwer. «Bei den Kultur- und Gesellschaftsgeschichten sind wir noch nicht da, wo wir hinwollen.»

Obwohl ihn das alles bald nichts mehr angehen würde, war er pikiert. «Wo genau wollen wir denn hin?», fragte er spitz.

T. machte, völlig untypisch für ihn, sogleich einen Rückzieher. «Damit meine ich natürlich nicht, dass unsere Artikel in diesen Sparten nicht gut sind», sagte er in konziliantem Ton. «Sie könnten einfach *noch* besser sein.» Nach einer kurzen Pause ergänzte er lächelnd: «Etwas weniger dem Charme des Konformen erliegend.»

Alle warteten auf eine Erklärung, worauf er hinauswollte. Gerda Müllers Gesicht bekam rote Flecken wie von einer allergischen Reaktion.

T. sagte: «Ich gebe euch ein Beispiel. In den Weihnachtsferien möchte ich ein paar gehaltvolle Romane lesen. Also informiere ich mich in den Feuilletons der großen Tageszeitungen. Dabei erhält man den Eindruck, dass ausschließlich Bücher von Autoren linksgrüner Gesinnung erscheinen: als Schwedenkrimis getarnte Oden an den Wohlfahrtsstaat; drogeninduzierte Sciencefiction von amerikanischen Ökofundis; französische Salonkommunisten, die uns den distinguierten Alltag sexuell befreiter Achtundsechzigerinnen näherbringen; das Weltbild der PDS in Form deutscher Didaktik-Prosa … Und hierzulande? Sozialdemokratisch approbierte Depro-Literatur, die in Ermangelung talentierten Nachwuchses angereichert wird durch immer neue Neueditionen sämtlicher Diphthonge und Semikola, die der heilige Max je zu Papier gebracht hat.»

Koller nickte so heftig, als habe er ein Weitwinkelscharnier im Hals; der Hippiehasser aus dem Inland grinste kaugummikauend; Gerda Müller sank in ihrem Stuhl zusammen. Und der Literaturkritiker platzte strahlend heraus: «Frisch ist nicht mehr frisch!»

T. klatschte in die Hände. «Wie schön, dass meine Laienmeinung von einer Kapazität wie dir geteilt wird!» Dann fragte er scheinheilig: «Besteht denn für einen politisch fehlgeleiteten Simpel wie mich Hoffnung? Oder muss ich mich bis ans Ende meiner Tage mit Arztromanen begnügen?»

«Hat nicht Mussolini ein paar Theaterstücke geschrieben?», ätzte Gerda Müller.

Der Literaturkritiker kam T. sofort zu Hilfe: «Am besten, wir machen gleich eine Serie: ‹Zehn Romane von konservativen Schriftstellern, die Sie gelesen haben müssen.›»

«Ja gibt es denn so viele?», fragte T. mit gespieltem Erstaunen.

Genüsslich zählte der Literaturkritiker auf: «*Heliopolis* von Ernst Jünger, *Brideshead Revisited* von Evelyn Waugh, *Ele-*

*mentarteilchen* von Michel Houellebecq, *Die sterbende Jagd* von Gerd Gaiser; Hermann Burger, Gertrud von le Fort, Tom Clancy, Mario Vargas Llosa …» Die Verve, die er in seine Stimme legte, wirkte ein wenig aufgesetzt.

T. war nicht mehr zu halten. «Grandios! Solche Denkansätze braucht unser Blatt! Ich werde sämtliche von dir empfohlenen Werke über die Festtage lesen!»

«Ich kann sie dir gerne ausleihen, steht alles bei mir zu Hause im Büchergestell», säuselte der Literaturkritiker, als sei er eine Animierdame auf Kundenakquisition.

T. streckte die Beine aus und räkelte sich wohlig. Er sah jetzt so entspannt aus, als säße er an Heiligabend im Kreise seiner Liebsten vor dem Kamin. «Interessant. Wirklich interessant.» Er lächelte versonnen.

Alle warteten, was als Nächstes kam. Gerda Müller war den Tränen nahe.

«Ist Kultur unweigerlich links?», fragte T. rhetorisch. «Genau das will man uns in propagandistischen Endlosschlaufen weismachen. Aber wie der Kollege soeben sehr schön aufgezeigt hat, ist die Welt nicht ganz so sozi-mainstream, wie der Sozi-Mainstream es gern hätte. Es gibt sehr wohl eine andere, fast möchte man sagen: eine Gegenkultur. Nur wird ihr Schaffen von den Meinungsmonopolisten totgeschwiegen oder, wenn das nicht geht, zu einem weiteren Puzzleteil im großen progressiven Erweckungsprojekt uminterpretiert.»

«Dasselbe in der Popmusik!», rief Koller. «Bryan Ferry, Phil Collins, Alice Cooper, Iron Maiden, Frank Zappa – alle rechts!» Es war das erste Mal, dass er an einer Sitzung den Mund aufgemacht hatte.

Der Hippiehasser ergänzte: «*Sunny Afternoon* von den

Kinks und *Taxman* von den Beatles sind Songs gegen die sozialistische Hochsteuer- und Umverteilungspolitik!»

«Ein ausgezeichneter Hinweis», sagte T. «Er bringt uns zu einem zentralen Punkt.» Der Frohmut in seiner Stimme war einem hehren Ernst gewichen. «Noch vor wenigen Jahrzehnten haben linke Kreise den Staat verlacht und bekämpft. Sie sahen in ihm ein Instrument der Repression und des bürgerlichen Machterhalts. Heute *ist* die Linke der Staat. Sie hegt ihn, baut ihn aus und macht sich seine Institutionen untertan. Was von den Verwaltungen erlassen, an den Schulen gelehrt, am öffentlich-rechtlichen Radio gesendet und im Fernsehen ausgestrahlt wird, basiert weitgehend auf Werthaltungen und Ideen, die dem Geist von Achtundsechzig entstammen. Wir sind permanent einer sogenannt fortschrittlichen Weltsicht ausgesetzt, die nicht nur Politik, Wirtschaft und Gesellschaft umfasst, sondern auch die historische Deutungshoheit usurpiert hat.»

T. war mittlerweile aufgestanden. «Die Linken», rief er in den Raum, «sind das wahre Establishment. Und wie immer, wenn sich eine bestimmte Klasse in der Macht eingerichtet hat, formiert sich früher oder später Widerstand, ein Korrektiv. Heute sind wir wieder so weit: Es braucht eine neue Achtundsechziger-Bewegung. Nur diesmal von der anderen Seite.» Er hielt kurz inne, vermutlich um den Effekt zu steigern, und schloss triumphierend: «Rechts ist das neue Links.»

Einen Moment lang herrschte gebannte Stille. Noch bevor jemand etwas erwidern konnte, zog T. eine lustige Grimasse und sagte: «Du meine Güte, ich klinge ja wie ein amerikanischer Fernsehprediger! Lasst uns das Thema wechseln und diese erfreuliche Sitzung mit einer ebenso erfreulichen

Nachricht fortsetzen: Wir haben beim ADC-Wettbewerb Silber in der Kategorie Zeitungsgestaltung gewonnen.» Er zeigte auf die Jeansrock-Adidas-Fraktion, die sich bei Redaktionskonferenzen stets geschlossen in die zweite Reihe setzte, und fügte in onkelhaftem Ton hinzu: «Wenn ich richtig informiert bin, geben die Kolleginnen von Graphik und Bild heute Abend einen aus.»

Die passenden Ehrengäste, dachte er, wären Jörg Haider, Brigitte Bardot und Heino. Und als DJ Wysel Gyr.

«*Last but not least*», fuhr T. fort, «gibt es ausgezeichnete Neuigkeiten von der Personalfront zu vermelden.»

Aha, nun würde er auch noch die Ernennung des Hippiehassers zum Inlandchef bekanntgeben. Darüber hatte ihn T. bereits vor einigen Tagen informiert und pro forma gefragt, ob er etwas gegen den Entscheid einzuwenden hätte. Nein, hatte er pro forma geantwortet. Tatsächlich fand er den Schritt nachvollziehbar. Die Entlassung des vorherigen Inlandchefs war ja als Sparmaßnahme begründet worden. Also konnte man jetzt nicht für teures Geld einen externen Nachfolger verpflichten. Inhaltlich machte es keinen großen Unterschied, ob der Hippiehasser sein Unwesen als einfacher Redaktor oder Ressortleiter trieb. Die Zeitung funktionierte ohnehin mehr und mehr nach dem Motto: Wenn T. will, steht alles still (oder stramm).

«… möchte ich betonen, dass die Entlastung des Lohnbudgets, die mit dieser internen Lösung einhergeht, zwar hochwillkommen, aber keineswegs der alleinige Grund für die Ernennung ist …»

Er hatte Mühe, sich zu konzentrieren. T.s Rede zur Lage der Nation hallte in ihm nach.

«… vielmehr sind es die herausragenden journalistischen

Fähigkeiten des Kollegen, die mich zu diesem Entschluss bewogen …»

Er stellte sich seinen Chef als Warlord mit Goldzahn und Gucci-Sonnenbrille vor, wie er unter einem überlebensgroßen, von dem senilen Finnen angefertigten Porträt seiner selbst auf einem Klappstuhl saß und mittels Feldtelefon eine von Jean Roemer finanzierte Contra-Truppe befehligte. *Make war, not love*. Er grinste.

«… dasselbe trifft auf den zweiten Personalentscheid zu, den ich aufgrund des bedauerlichen Abgangs unseres hochgeschätzten Auslandchefs zu treffen hatte.»

Wie bitte? Er grinste nicht mehr.

«Auch in diesem Fall hat sich die interne als die beste Lösung erwiesen.» T. setzte sein Sammy-Davis-junior-Lächeln auf, wie er das auch für ihn getan hatte, und sagte: «Ich freue mich, dieses wichtige Ressort in die Hände von Stefan Koller übergeben zu können.»

Gehüstel, Ansätze eines Raunens, erhobene Augenbrauen. Niemand sagte etwas. Nur Gerda Müller lachte hysterisch auf.

# 26

Übers Wochenende blieb er im Zimmer. Er schlief viel, dachte viel nach und verbrachte viel Zeit auf der Webseite der Zeitung.

Alex hatte recht: Was dort stand, war einfach krank. Zwar checkte er nicht alles, und gewisse Sachen schienen nicht von den Journalisten der Zeitung zu stammen, sondern von durchgeknallten Lesern. Was machte das für einen Unterschied. Auf alle Fälle sah er es jetzt mit eigenen Augen: «rückständige Kultur», «Terrorreligion», «Ziegenficker». Einer schrieb, dass man die Muslime im Bosnienkrieg noch viel härter hätte rannehmen müssen. Selbst der schmutzige Ausdruck, mit dem Rico seine Mutter verhöhnt hatte, stand dort.

Okay, auf «Ziegenficker» und den anderen Ausdruck war er über einen Link gestoßen: ein Blog, englischer Name, irgendwas mit Politik. Was machte das für einen Unterschied. Es schienen sowieso alle dasselbe zu denken: Dass einer wie er nicht hierhergehörte. Dass er kein Recht hatte, in diesem Land zu leben. Eine Schmeißfliege, die man aus dem Fenster scheuchen musste. Seine Religion: Dreck. Sein -ic-Name: Dreck. Seine Mutter: Dreck.

Das musste aufhören.

Einer hatte geschrieben: «Mir tut es überhaupt nicht leid um die verschleierte Kopftuchschlampe. Und noch dazu ein Moslem im Bauch weniger.» Es ging um eine schwangere Tunesierin, die in einer deutschen Stadt vergewaltigt und ermordet worden war.

*Mir tut es überhaupt nicht leid um die verschleierte Kopftuchschlampe. Und noch dazu ein Moslem im Bauch weniger.*

Was waren das für Menschen, die solche Dinge von sich gaben? Woher kam dieser Hass? Was hatte ihnen die Tunesierin angetan? Was hatte ihnen seine Mutter angetan? Was er?

Er hatte den Satz mindestens achtzigmal gelesen. Vielleicht auch hundertmal. Die beiden ersten Male war er danach ins Bad gerannt und hatte in die Toilette gekotzt. Aber jetzt machte ihm der Satz nichts mehr aus. Er war ganz ruhig. Ruhig, und klar im Kopf.

Er versuchte es erneut bei Alex. Bisher war jedes Mal die Mailbox angesprungen. Nun ertönte das Freizeichen. «Ja?»

«Hallo, ich bin's.»

«Da-miir, mein Bruder, wie läuft's?»

«Geht so.»

«Wenn dich etwas bedrückt, dann rate ich dir, den edlen Koran zu lesen, mein Bruder. Das Studium des Buches spendet Trost und Zuversicht.»

«Ich will mir Mühe geben, das zu tun.»

«Wie schön! Nichts anderes nämlich bedeutet Dschihad: Anstrengung auf dem Weg zu Gott.»

«Sag mal, diese Zeitung, über die wir gesprochen haben …»

«Ein schlimmes Lügenblatt, das unseren Glauben immer wieder in den Schmutz zieht.»

«Du hast gemeint, man müsse denen eine Lektion erteilen.»

«Habe ich das?»

«Ich bin bereit.»

Alex' Stimme wurde schneidend. «Nicht am Telefon. Morgen früh um zehn in der Moschee.» Dann hängte er auf.

## CHARLES LEWINSKY
## Andersen

Ein Mann erwacht und weiß nicht, wo er ist. Er weiß nur, dass er, um seinen Verfolgern zu entwischen, eine falsche Identität annehmen und sie perfekt spielen muss. Nach und nach erkennt er, dass er mit seiner Maskerade verschmilzt. Ein unheimlicher, brillanter, spannender Roman über die unaufhaltsame Wiederkehr des Bösen.

Roman. 400 Seiten. Gebunden und als E-Book

## ALFRED BODENHEIMER
## Der Messias kommt nicht

Was als Sabbatical Gabriel Kleins an der Universität Basel harmlos beginnt, wird zur Ermittlung in einem undurchsichtigen Mordfall. Der Tod eines prominenten Mitglieds der Basler Jüdischen Gemeinde konfrontiert den Zürcher Rabbi mit unterschiedlichsten Formen abgrundtiefen Hasses. Und einmal mehr gerät er in gefährliche Turbulenzen …

Rabbi Kleins dritter Fall. 208 Seiten. Gebunden und als E-Book

## CASTLE FREEMAN
## Männer mit Erfahrung

Ein kurioses Trio verfolgt einen obskuren Bösewicht durch die Wälder von Vermont, um ihn unschädlich zu machen. Helden, für die man fiebert und denen man nichts Heldenhaftes zutraut. Ein extrem spannender und vibrierend lustiger Roman mit einer nebenbei eingeträufelten Portion Lebensklugheit.

Roman. Ü.: Dirk van Gunsteren. 176 Seiten Gebunden und als E-Book

Damir legte das Handy behutsam auf den Schreibtisch. War er wirklich bereit? Wollte er überhaupt bereit sein? Er wusste es nicht. Das Geschwätz in der Moschee über Weltpolitik – Palästina, Irakkrieg, Kalifat – ließ ihn jedenfalls ziemlich kalt. Was er aber mit Bestimmtheit wusste: Er wollte es anders machen als sein Vater. Diese dumpfe, kuhäugige Tatenlosigkeit. Zusehen und brav nicken, bis man eines schönes Tages vertrieben wurde. Oder abgeschlachtet. Nein, er wollte handeln. Etwas tun. Sich wehren, bevor es zu spät war.

Er sagte sich: Lieber Metzger als Kalb.

# 27

Er versuchte die Morgensitzung zu verdrängen und konzentrierte sich auf die Arbeit: Honorarrechnungen kontrollieren, Spesen visieren, Themenbesprechung mit der Ein-Mann-Wissensredaktion, zwei Texte kürzen, eine freie Autorin briefen, die den neuen russischen Ballettstar porträtieren sollte. Es fiel ihm auf, dass er nie ganz sicher war, ob man «Balett» oder «Ballett» schrieb. Das nannte man wohl eine genderspezifische Orthographieschwäche. Er arbeitete ohne Mittagspause durch. Gegen drei Uhr gab er sich einen Ruck und rief die Chefsekretärin an. Er erkundigte sich, ob T. rasch Zeit hätte für ihn. Es klang weniger entspannt als beabsichtigt. Leider nein, antwortete die Chefsekretärin. Er sei den ganzen Nachmittag außer Haus und komme direkt zum Umtrunk in die Bar Blau.

Umtrunk? Stimmt, es gab ja einen Preis zu feiern. Musste er sich dort noch zeigen? Vielleicht. Schließlich hatte er immer gut mit der Graphik zusammengearbeitet. Außerdem wäre es nett, sich für einmal außerhalb des Spannteppich-Neonröhren-Hydrokultur-Blähtonkügelchen-Habitats mit der Bildredaktorin zu unterhalten. Er griff nach dem Handy, um Doppelhuber abzusagen. Zum Glück war sein Schulfreund in dieser Beziehung (wie eigentlich in jeder Beziehung) überhaupt nicht empfindlich. Ganz im Gegensatz zu Karina. Ach, Karina.

Er tippte: *Compañero, muss leider passen für heute Abend. Morgen? Dein Mowgli*

Bling.

Doppelhuber reagierte wie fast immer sofort: *zero problemo; morgen ok. alles gut sonst? cheers, dh*

Eine ungewöhnliche Frage für Doppelhuber. Zufall? Telepathie? Er antwortete: *Alles gut. (Außer Job und Liebe.)*

Kaum hatte er die Nachricht abgeschickt, bereute er seine Offenheit. Doch schon machte es wieder Bling.

*liebe?*

Er ächzte und schrieb zurück: *Karina hat mir den Laufpass gegeben.*

Bling.

*tut mir leid (ein bisschen). wieso?!*

Nun kam es auch nicht mehr drauf an: *Weil ich bei einem Jugohasser-Blatt arbeite.*

Bling.

*quatsch, bullshit, bzdura, чепуха.*

Er war dankbar, dass Doppelhuber nicht auch noch auf ihm herumhackte. Gleichzeitig zweifelte er, dass dieser mit seiner Einschätzung richtiglag. Er schrieb: *Es geht um einen Artikel in der letzten Nummer. ‹Kriminelle Energie: Ex-Jugoslawen sind gut integriert – in unseren Gefängnissen.› Hart!*

Diesmal dauerte es fast fünf Minuten, bis es wieder Bling machte.

*… aber wahr. kein mensch hat etwas gegen karina und ihre freundinnen. das problem sind junge männer mit niedriger bildung. etwas anderes wird im artikel nicht gesagt. halte durch! dh*

Gerne hätte er geglaubt, dass es T. und seinen Kameraden lediglich darum ging, bestimmte gesellschaftliche Probleme zur Sprache zu bringen. Mittlerweile war er aber überzeugt, dass die Gründe für ihren Furor tiefer lagen. Das aufgebrachte Zittern in Kollers Stimme, wenn er am Mittagstisch über «freche Moslems» redete. Der verächtliche Zug um den

Mund des Hippiehassers, jedes Mal wenn er Begriffe wie «Sozialhilfe», «Migranten» oder auch nur «Caritas» aussprach. T.s leicht befangener, zugleich seltsam überinteressierter Gesichtsausdruck, wenn das Wort «Jude» oder «jüdisch» fiel. Als würde sich dahinter etwas Schlüpfriges, Unergründliches verbergen.

Unter der sorgsam bestellten Oberfläche schien ein Abgrund der Emotionen zu lauern. Schon fast obsessiv fahndeten T. & Co nach Anzeichen des Fremden, Anderen, Abweichenden, dem es die Stirn zu bieten galt, politisch und kulturell. Sie überhöhten das Eigene, schmachteten nach dem Konformen, Eindeutigen und Homogenen, während Differenz, Vielfalt und Uneindeutigkeit als Bedrohung empfunden wurden, sie vielleicht auch überforderten. War das schon Hass? Hass auf alles, was sich nicht der Weltanschauung und Lebensart des konservativen weißen Mannes unterordnete?

Er kam zu dem Schluss, dass genau das der Grund für ihren Erfolg war: Sie hassten leidenschaftlicher als die Gegenseite.

Er schrak auf und blickte in das freundliche Gesicht der Bildredaktorin. «Brauchst gar nicht so ernst dreinzuschauen», sagte sie keck. «Wir wissen doch, was für ein Seriöser du bist.»

Sie trug rosafarbene Plateausandaletten mit Blümchenschnallen – *fuck me shoes*, wie das Doppelhuber nannte. Sie hatte ihm beim Auf-ihre-Schuhe-Sehen zugesehen, was ihn verlegen machte. Er lächelte einfältig. Sie sah ihm in die Augen: «Du lässt uns doch heute Abend nicht im Stich, Chef?»

Er hatte sich wieder gefasst und wechselte ebenfalls in den Flirt-Modus. «Sehe ich so aus?», fragte er und setzte einen melodramatischen Bergretter-Blick auf. «Kann sein, dass ich ein paar Minuten zu spät bin. Ich will vorher rasch nach Hause, um Wäsche in den Trockner …»

Er stieß einen kurzen, wütenden Schrei aus. Dann rutschte er im Stuhl hinab und schlug sich die Hände vors Gesicht. Die Bildredaktorin sah ihn verdattert an.

Der Zettel! Er hatte den Zettel mit der Telefonnummer mitgewaschen.

Er riss die Jacke von der Stuhllehne, sagte überlaut: «Wir sehen uns!» und spurtete durch das Großraumbüro zum Lift. Noch während er wartete, wurde ihm bewusst, wie lächerlich sein überstürzter Abgang war. Die Jeans mit dem Zettel drin lag seit Stunden feucht in der Waschmaschine. Kein Geheimdienst der Welt würde da noch eine Nummer rekonstruieren können.

Gab es einen Journalistenpreis für herausragende Leistungen auf dem Gebiet der Blödheit? Würde sich gut im CV machen, jetzt wo er bald nach einem neuen Job Ausschau halten musste.

Er stieg aufs Fahrrad und pedalte so entspannt heimwärts, als sei er der Typ mit Beret aus der Boursin-Werbung. Fehlte nur die Baguette, die aus dem Körbchen lugte. Er lächelte vor sich hin. Woher die plötzliche Hochstimmung? Es verhielt sich wohl wie am vierten Tag einer schweren Erkältung: Euphorisiert von ersten Geruchsfetzen, die man wahrnahm, gab man sich der Illusion der vollständigen Genesung hin.

Sobald das hier vorbei war, würde er Doppelhuber bei einem Bier oder vier von seinem Missgeschick erzählen. Der würde ihn wegen seiner Trottelhaftigkeit aufziehen, und sie würden Tränen lachen. Von all den Unterschieden zwischen Doppelhuber und Karina war dies gewiss der größte: Es gab kaum etwas, das sein Freund existentiell ernst nahm, schon gar nicht Niederlagen. Seine Ex war mit sich und ihrer Umwelt weitaus strenger. Für Selbstironie und verspielte Distanz hatte sie wenig Sinn. Lag es an ihrer Herkunft? Oder am Altersunterschied? Vielleicht war postmodern nicht mehr modern.

Daheim ging er, ohne die Jacke abzulegen, direkt in die Küche. Er öffnete die Waschmaschinentür, klaubte den Zettel aus der Jeans und legte ihn auf den Tisch. Bevor er den Zettel begutachtete, füllte er den Wäschetrockner und drückte den Startknopf. Man musste Prioritäten setzen im Leben. Danach ging er ins Badezimmer, um den Reisefön zu holen, den Karina bei ihm deponiert hatte. Er trocknete den Zettel und strich ihn glatt. Mit etwas Phantasie konnte man einige bläuliche Schlieren ausmachen; bei einem kurzen horizontalen Strich handelte es sich möglicherweise um den Rest einer Sieben.

Immerhin, er erinnerte sich an die Vorwahl, die er in T.s Büro notiert hatte: 0035. Er googelte die Zahlenfolge. Wie er vermutet hatte, gehörte sie zu Irland. Irgendwann merkte er, dass das nicht ganz stimmte. Wie viele Journalisten war er ein chronisch ungeduldiger Leser, der Texte und Tabellen lediglich überflog und nur in Ausnahmefällen ein Dokument sorgfältig studierte. 0035 war *Teil* der Vorwahl Irlands, passte aber zu einer ganzen Reihe Länder. Darunter Portugal, Luxemburg – und Finnland. Für den Pulitzer reichte das nicht.

Er zog die Schublade des Küchentischs auf und wühlte nach der Schachtel HB-Zigaretten, die er bei seinem letzten Besuch in Bielefeld gekauft hatte. Er rauchte etwa fünfmal im Jahr, und jetzt war definitiv der Zeitpunkt, um sich eine Zigarette anzuzünden. Als er die Schachtel gefunden hatte, ging er ins Schlafzimmer, nahm die original Single-Auskopplung von David Bowies *Five Years* aus dem Regal, legte sie auf den Plattenteller und drehte voll auf. Dann ließ er sich aufs Bett fallen und zündete die Zigarette an.

David Bowie, ging ihm durch den Kopf, war der Meister des Uneindeutigen und somit allererster Kandidat fürs Umerziehungslager, sollten der Warlord und seine Kindersoldaten ihren Kulturkampf gewinnen. Er schnippte Asche in eine leere Cola-Dose. Für die nächsten 72 Stunden nahm er sich drei Dinge vor: Karinas Sachen, die noch bei ihm in der Wohnung waren, nach Klein-Titograd bringen. In T.s Büro vorbeigehen und seinen Job kündigen; am besten am Montag kurz vor der Mittagspause, weil T. ihm dann nicht ausweichen konnte, da er auf dem Sprung ins Fitnessstudio sein würde, um sich von seinem Personal Trainer – einem blasierten Post-Hippie, der ausschließlich schöne Frauen und wichtige Männer *personally* trainierte – schurigeln zu lassen.

Zuerst aber: Mit der Bildredaktorin schlafen.

# 28

Die Metalltür quietschte leise, als er sie hinter sich zuzog. Er tastete nach dem Lichtschalter und dachte: So finster muss es in der Hölle sein. Draußen blies der Föhn; es war ein ungewöhnlich heller und klarer Novembermorgen. Wie passend, dachte Damir.

Er betrat den Gebetsraum. Alex stand allein in der Mitte des Raums und wischte sich mit den Handflächen übers Gesicht. Als er gebetet hatte, schritt er auf Damir zu und breitete feierlich die Arme aus. «Wie schön, dass du gekommen bist, mein Bruder.»

«Was läuft?», fragte Damir lässig.

«Ach», antwortete Alex mit gespielter Arglosigkeit, «ich dachte, wir könnten einen kleinen Ausflug machen.»

«Ist schließlich ein schöner Tag heute», lächelte Damir. «Wo soll es hingehen?»

Alex legte ihm eine Hand auf die Schulter und zog ihn sanft, aber bestimmt zu sich heran. Damir war überrascht, wie viel Kraft in seinen Armen steckte. «Wie wär's, wenn wir dem Chefredaktor der Hetzer-Zeitung einen Besuch abstatten würden?»

Damir spürte, wie das Blut in seinen Ohren pulsierte. «Der hat bestimmt Bodyguards», sagte er ernst.

Alex lächelte nachsichtig. «Wir haben ihn observiert. Jeden Montag kurz nach zwölf verlässt er das Pressehaus – natürlich ohne Bodyguards. Dann geht er zum Parkplatz und steigt ins Auto. Er hat immer eine Sporttasche dabei, wahrscheinlich fährt er zum Fitness.»

«Welche Marke?», fragte Damir.

Alex schien irritiert: «Die Sporttasche?»

«Nein, der Wagen.»

«BMW. Beige oder so.»

«Hätte eher auf Mercedes getippt», murmelte Damir.

«Wir sind nicht hier, um über Automarken zu diskutieren», fuhr ihn Alex an.

«Sorry», sagte Damir erschrocken.

Alex tätschelte seine Schulter. «Schon okay, Bruder.»

Damir war es unangenehm, wenn Alex ihn «Bruder» nannte. Er fühlte sich ihm nicht sonderlich nah. Vielleicht, weil Alex Wörter wie «observieren» benutzte. Oder sich eine eigene Wohnung leisten konnte. Oder früher Snowboardrennen gefahren war. Und in den Sommerferien mit der Familie an die Amalfiküste oder einen schönen See in Norwegen gereist war, wo sie in Blockhütten übernachtet hatten. Dinge, die er auch gern gemacht hätte.

Schon eigenartig. Jetzt lebte er seit zehn Jahren in diesem Land – mehr als sein halbes Leben, wie ihm gestern aufgefallen war –, trotzdem hatte er keinen einzigen guten Kolleg, der hier geboren war. Alex war die Ausnahme. Ihm schien es nichts auszumachen, mit Ausländern abzuhängen. Manchmal drang sogar Bewunderung durch, zum Beispiel wenn Damir von den Panzern erzählte, die er in Bosnien hatte vorbeirollen sehen. Oder natürlich, wenn Mohamed Andeutungen machte, dass er in seiner Heimat (Ägypten, vermutete Damir) eine Zeitlang im Gefängnis gesessen hatte. So gesehen war Alex schon okay. Ein Halbbruder. Damir lächelte.

Alex blickte auf die Uhr. Er sagte: «Wir müssen bald los» und zog ein Handy aus der Gesäßtasche. Erst jetzt fiel Damir auf, dass er Jeans und T-Shirt trug. Und keine Dschellaba, wie sonst, wenn sie sich in der Moschee trafen. Alex tippte eine Nummer ein. Als eine Männerstimme ertönte, schlenderte er zum gegenüberliegenden Ende des Raums, was Damir ein wenig kränkte. Seit wann hatte man unter Brüdern Geheimnisse?

Kurz darauf kam Alex zurück und sagte sanft: «Vielleicht solltest du ein *du'a* sprechen, bevor wir aufbrechen.»

Er tat ihm den Gefallen und stellte sich zum Gebet hin. Als er fertig war, war Alex verschwunden. Damir setzte sich auf den müffelnden Teppich und wartete.

*Mir tut es überhaupt nicht leid um die verschleierte Kopftuchschlampe. Und noch dazu ein Moslem im Bauch weniger.*

Nach dem Streit war seine Mutter ins Schlafzimmer verschwunden. Durchs Schlüsselloch hatte er gesehen, wie sie mit angezogenen Beinen auf dem Bett saß und zum Fenster hinausstarrte. Nach zwei Stunden hatte er angeklopft und ihr eine Tasse Tee mit Biskuits gebracht. «Es tut mir leid, dass ich grob zu dir war, Mama. Alles wird gut.» Sie hatte matt gelächelt und weiter zum Fenster hinausgestarrt. Es hatte ihm fast das Herz zerrissen.

Aber jetzt war er ruhig. Ruhig und klar im Kopf. Er würde dafür sorgen, dass sie wieder glücklich würde. Und von seinem ersten Lohn als Geschäftsführer würden sie zusammen ans Meer fahren. Er war noch nie am Meer gewesen.

*Mir tut es überhaupt nicht leid um die verschleierte Kopftuchschlampe. Und noch dazu ein Moslem im Bauch weniger.*

Das Quietschen der Tür riss ihn aus den Gedanken. Kurz darauf betrat Alex den Gebetsraum. Er hatte einen länglichen, in Zeitungspapier eingewickelten Gegenstand bei sich: «Schau, für unseren Ausflug. Die Gabe eines Freundes.»

Damir erhob sich, Alex drückte ihm das Päckchen in die

Hand. Es war überraschend schwer. Er erkannte den Schriftzug wieder. Das Zeitungspapier, in das der Gegenstand eingewickelt war, stammte von dem Hetzer-Blatt. Damir riss das Päckchen auf. Obwohl er ahnte, was drin war, erschrak er: ein Messer. Ein schönes Messer mit verziertem Knauf und geschwungener Klinge.

Mit gleichmütiger Stimme sagte Alex: «‹Der Lohn derer, die Krieg führen gegen Allah und Seinen Gesandten, wäre der, dass sie getötet oder gekreuzigt werden sollten. Treffet sie oberhalb des Nackens und schlagt ihnen die Fingerspitzen ab.›» Alex sah ihn herausfordernd an.

Für einen Moment hätte sich Damir am liebsten davongemacht. Dann aber dachte er an seinen Vater, diese Niete, und sagte: «Wollen wir los?»

## 29

*Sffflingplaschdidelsplongdidumlanglong.* Er starrte auf das Display seines futuristischen Telefonapparats, dessen Vorzüge sich ihm auch nach fast einem Jahr in der Redaktion noch nicht erschlossen.

Die Chefsekretärin, ausgerechnet.

Er war versucht, den Anruf zu ignorieren, erinnerte sich aber, dass sie ihm aufgeräumt zugewinkt hatte, als er auf seiner erfolglosen Suche nach Gerda Müller durch das Großraumbüro zu dem von den Rauchern neuerdings «Fixerstube» genannten Kaffeeraum und wieder zurück an seinen Platz gegangen war. Und er erinnerte sich an den Argwohn, der ihre Winkerei bei ihm ausgelöst hatte. Soviel er wusste, verstand sich die Chefsekretärin ausgezeichnet mit der Bildredaktorin. War sie bereits über seine kleine Büroromanze informiert?

Beseelt von dem für einen Montagmorgen ungewöhnlich fidelen Geist, der in der Redaktion zu herrschen schien (High Fidelity, gewissermaßen), nahm er den Hörer ab und sagte: «Stets zu Diensten, Milady.» Überraschend sec kam es zurück: «Der Chef möchte dich sprechen. In zwanzig Minuten?»

Er verkniff sich die Bemerkung, dass sich das prima treffe, da er ohnehin bei T. habe vorbeischauen wollen, um, nun ja, das dürfe er ihr eigentlich nicht verraten, aber ausnahmsweise und streng unter ihnen etc. Was ihn aber schon fuchste: Dass T. ihm selbst an diesem besonderen Tag zuvorgekommen war. Ein letztes Mal.

Da er nicht recht wusste, wie T. auf seine Kündigung reagieren würde – würde er erleichtert sein oder ungehalten, ihn umstimmen wollen oder anweisen, sofort das Pult zu räumen? –, hatte er seine uralte, aus Studentenzeiten stammende, mit allerlei Klecksen, Striemen, Fett- und Ölflecken versehene Segeltuch-Umhängetasche mitgenommen. Dies, obwohl er im Prinzip ein strikter Gegner von Umhängetaschen für den Mann war, ebenso von Rucksäcken (sah landwirtschaftlich aus oder, noch schlimmer, nach Jack Wolfskin), gleichermaßen von Bauchtaschen (es sei denn, man lebte in einer betreuten Wohngruppe) sowie ganz besonders von Herrenhandtäschchen (außer man war Brüno aus der Ali-G-Show). Eine nihilistische Haltung, gewiss, denn auch Männer hatten mitunter Dinge mit sich herumzutragen. Auf alle Fälle hatte er seine Segeltuchtasche dabei, um notfalls das Wichtigste sofort einpacken zu können: die VHS-Kassette mit den Arminia-Highlights, einen zerfledderten Sprach-Brockhaus aus den achtziger Jahren, eine handgeschriebene Dankeskarte von T. C. Boyle und das Foto seiner Mutter vor dem Trevi-Brunnen, das er geschossen hatte, kurz bevor sie krank geworden war.

Durch den Spalt in der Trennwand erspähte er die Bildredaktorin. Wäre es ihm unangenehm gewesen, weiterhin mit ihr zusammenzuarbeiten, jetzt wo sie miteinander geschlafen hatten? Eher nicht. Erstens hatte sich ihr nächtliches Duett angekündigt. Zweitens waren beide, als es so weit war, einigermaßen nüchtern und bei Verstand gewesen. Entsprechend hatte sich nichts ereignet, das in eine Anthologie der peinlichsten oder bemerkenswertesten Bettgeschichten hätte Eingang finden können.

Bedachte man, dass hier zwei Nichtverliebte zueinandergefunden hatten, war es im Gegenteil eine erstaunlich innige und zärtliche Nacht gewesen. Umso mehr, wenn man sich (was er gern tat) den ziemlich frechen Stringtanga vor Augen führte, den sie getragen hatte, sowie (was er etwas weniger gern tat) das kunstvolle Arschgeweih, mit dem ihr Steiß tapeziert war. Vermutlich waren es bloß die Projektionen eines Spießers, wenn man im Jahr 2003 von Kleidungsstücken und Körperverzierungen auf die sexuelle Wildheit einer Person schloss.

Die zwanzig Minuten waren bestimmt um. Er erhob sich von seinem Stuhl und schritt auf die Glaskabine zu. Sein Herz pochte. Natürlich wäre es ihm lieber gewesen, er hätte seine Gefühle so unter Kontrolle gehabt wie ein britischer Oberschichtsdiplomat aus einem John-le-Carré-Roman. John le Carré. Er erinnerte sich an dessen fulminante Anti-Irakkrieg-Tirade, die sie kurz vor dem Einmarsch der Amerikaner abgedruckt hatten und die ihm lange – zu lange – als Kardinalbeweis für die eigenständige, unabhängige und unsektiererische Haltung der wichtigsten Wochenzeitung des Landes gedient hatte. Camouflage gelungen.

Als er das Chefbüro betrat, war T. gerade dabei, sich mit seinem Schweizer Messer die Fingernägel zu säubern. Er blickte kurz hoch, sagte semi-freundlich: «Nimm Platz» und fuhr ungerührt mit der Maniküre fort. Wurde man unweigerlich etwas sonderbar, wenn man lange genug solo war?

«Gerda Müller hat sich krankschreiben lassen», sagte T. unvermittelt, während er ein offenbar besonders hartnäckiges Schmutzpartikel von seinem Ringfinger entfernte.

«O nein, was hat sie denn?», fragte er betroffen.

«Einen guten Anwalt», murrte T.

Er runzelte die Stirn und wartete auf eine Erklärung.

T. steckte das Messer ein und sah ihm endlich in die Augen. «Ich hatte ihr mit Entlassung gedroht. Fortgesetzt illoyales Verhalten sowie geschäftsschädigende Äußerungen in der Öffentlichkeit.»

Er atmete tief durch. Trotzdem bebte seine Stimme (definitiv kein Talent für den diplomatischen Dienst), als er sagte: «Und was ist mit deiner Illoyalität mir gegenüber, einen solchen Entscheid ohne Rücksprache zu fällen? Ich bin ihr direkter Vorgesetzter.»

T. lächelte ein fast schon zufriedenes Lächeln. Offensichtlich gefiel es ihm, von seinem Kollegen ein bisschen herausgefordert zu werden. «Ich habe gar nichts entschieden, sondern Gerda bloß abgemahnt», sagte er schläfrig. «Außerdem wollte ich dich da nicht hineinziehen, ihr steht euch doch nahe.»

Das Friedensangebot ignorierend, fuhr er fort: «Worin genau besteht Gerdas ‹Illoyalität›? Dass sie sich eine eigene Meinung erlaubt, anstatt als Pressesprecherin für die neokonservative Internationale respektive deren örtliche Trachtengruppe zu amten?»

T. war jetzt wach. Während er zu einer Erwiderung ansetzte, fahndete er im Gesicht des Gegenübers nach Hinweisen, was noch alles kam. «Neokonservativ! Reaktionär! Rechts, links, progressiv, weltoffen, nationalistisch ... alles Phrasen!»

«Schön, dass du das neuerdings auch so siehst. Das hat bei deinem Comingout an der letzten Redaktionskonferenz noch ein wenig anders getönt.»

T. zog den Chef-Joker und ignorierte die Bemerkung. «Ich gehe davon aus, dass Madame Müller eine ganze Weile nicht zurückkehren wird und den bezahlten Urlaub dazu nutzt, sich einen angenehmen Kolumnistenjob bei der Konkurrenz zu mischeln.»

«Was dir bestimmt das Herz brechen würde.»

Auch diese Bemerkung überhörte T. wie ein Altersheimbewohner, der sich den Anweisungen der Stationsschwester versagt. Stattdessen setzte er seinen Verbrüderungston auf und raunte: «Ich würde die aktuellen Verwerfungen gerne zu einer Restrukturierung der Redaktionsleitung nutzen. Wie wär's, wenn du, nebst den bisherigen Aufgaben, die Leitung des Kulturressorts übernimmst, zudem die eine oder andere noch festzulegende Aufgabe im Personalbereich? Selbstverständlich verbunden mit einem substantiell höheren Gehalt.»

«Wie viel?»

«Ich dachte an einen Tausender pro Monat.»

Diesmal schaffte er es, cool zu bleiben. «Das ist überaus großzügig von dir. Vor allem, wenn man bedenkt, von wie vielen Kollegen wir uns aus – tja: ökonomischen Gründen – tja: trennen mussten. Leider kann ich dein Angebot nicht annehmen. Ich bin hier, um dir mitzuteilen, dass ich meine Stelle kündige.»

Zuerst dachte er, T. würde wieder schauspielern. Doch nein, er schien aufrichtig überrascht. Überrascht und gekränkt. Als habe es die Diskussionen, Auseinandersetzungen und «Verwerfungen» der letzten Monate nie gegeben. Er stand abrupt von seinem Platz auf, holte die Sporttasche aus dem Gestell und trat aus dem Büro. Im Vorbeigehen sagte er barsch: «Ich erwarte, dass du deinen Vertrag bis zum letzten Tag erfüllst.»

Auch er stand auf und rief hinterher: «Ziemlich respektlos, einfach davonzulatschen!»

T. ging ungerührt weiter.

Er folgte ihm.

T. beschleunigte den Gang.

Er schloss zu ihm auf.

T. trat in den Lift und drückte auf den Knopf.

Er drängte sich ebenfalls in die Kabine.

T. sah jetzt sehr wütend aus.

Auch er war wütend. «Du machst diese stolze Zeitung kaputt mit deiner Ideologiescheiße.»

«Im Gegenteil, wir bauen etwas auf.»

«Welch ausgeprägtes Sendungsbewusstsein!», höhnte er. «Vielleicht solltest du eine Partei gründen.»

Der Lift erreichte das Erdgeschoss.

T. stürmte hinaus.

Er folgte ihm.

Der Portier schoss von seinem Stuhl hoch und hielt T. die Tür auf. Dieser trat ins Freie und ging Richtung Parkplatz.

Er holte ihn ein und sagte außer Atem: «Was ich dich schon lange fragen wollte: Bei unserem ersten Treffen hast du gesagt: ‹Gemeinsam können wir dieses Land verändern.› Wie war das gemeint?»

Ohne anzuhalten und ohne ihn anzusehen, sagte T.: «Du bist mental in der Adoleszenz stehengeblieben. Das wahre Leben ist keine Studentenparty, wo es darum geht, bei den Kommilitoninnen zu punkten, indem man sich möglichst ironisch-lässig gibt und hübsche Pullover trägt.»

Wiederum höhnisch, aber diesmal mehr aus Ratlosigkeit, fragte er: «Woraus besteht denn das wahre Leben?»

Beide sahen den bärtigen Typen in Turnschuhen, der aus einem japanischen Kleinwagen stieg und in ihre Richtung schlenderte, beachteten ihn aber nicht weiter.

Wenn sich eine Gesellschaft am Scheideweg befinde, fuhr T. fort, wie zum Beispiel 1933 …

Die Analogie sei nicht nur idiotisch, sondern zynisch und geschmacklos, brüllte er seinen Chef respektive Exchef an. Und er fragte sich, woher diese verbale Hypertrophie rührte, die sich allerorts ausbreitete. Ging es um die Sehnsucht nach dem Finalen und Absoluten, nach Überlebenskampf, Katastrophen und Armageddon, weil man selbst nichts weiter als ein behagliches Leben in einem behaglichen Land führte?

Doch, doch, insistierte T. In entscheidenden Momenten müsse man den Mut aufbringen, den Herausforderungen der Zeit mit *Antworten* zu begegnen, nicht mit Fragen. Gerade Journalisten und Intellektuelle stünden in der Pflicht, Verantwortung zu übernehmen und, so seine Wortwahl, Farbe zu bekennen.

Der bärtige Typ ging nun hinter ihnen her und kam allmählich näher.

Farbe bekennen? Er habe nun mal nichts für Brauntöne übrig, antwortete er frech.

Mit seinen verleumderischen Anspielungen begebe er sich unter Niveau, entgegnete sein Chef respektive Exchef empört.

Immerhin würden er und sein Kumpel Jean Roemer intensiven Kontakt zu einem verurteilten Holocaust-Leugner pflegen.

T. blieb abrupt stehen und packte ihn am Arm. Er müsse allmählich aufpassen, was er von sich gebe.

Sorry, spottete er, während T. auf sein Auto zuschritt, es sei ihm nicht bewusst gewesen, dass Esko Laitanen bloß ihr Kegelbruder sei.

Den Namen habe er noch nie gehört, sagte T. so gelassen, wie das nur Menschen gelang, die ihren eigenen Lügen glaubten.

Der Bärtige war jetzt dicht hinter ihnen.

Einer Eingebung folgend behauptete er, eine Aufnahme zu besitzen, die T., Roemer und Laitanen auf demselben Bild zeige. Ferner die Telefonabrechnung mit sämtlichen von der Redaktion aus getätigten Gesprächen der letzten Woche. Die Abrechnung beweise, dass T. an dem Freitagabend, als der Suhsi-Kurier gekommen sei, Laitanen in dessen Heim angerufen habe. Eine Kopie der Liste sei per Post unterwegs zur Konkurrenz.

Erneut blieb T. stehen. Die Gelassenheit war weg. Er atmete schwer. Sein Blick hatte etwas Unberechenbares, Warlordhaftes. Einen Moment lang schien er zu überlegen, was er als Nächstes tun sollte. Dann drehte er sich abrupt um.

Der Schmerz, den ein Mensch empfindet, wenn ein Messer in seinen Körper dringt, wird von Opfern als brennend oder stechend beschrieben. Bei Schwerverletzten tritt die Wahrnehmung des Schmerzes jedoch rasch in den Hintergrund. Aufgrund der Beeinträchtigungen der Vitalfunktionen ist das vorherrschende Gefühl, das sich einstellt, Angst. Im vorliegenden Fall die Angst zu ersticken, da die Verletzungen der Lunge innerhalb von Sekunden zu akuter Atemnot führen, sowie Angst, das Bewusstsein zu verlieren.

Das Opfer begann stark zu frieren, eine typische Reaktion für einen Menschen im Schockzustand. Zudem wichen die Farben aus seiner Sehwahrnehmung; die Umgebung wurde schwarzweiß. Allmählich glitt der Schwerverletzte in einen recht angenehmen Zustand der großen Müdigkeit. Er machte noch ein paar wirre Bemerkungen zur Situation auf dem Parkplatz und seinen Plänen für den Nachmittag. Dann verlor er das Bewusstsein.

Aus Tätersicht präsentierte sich die Situation wie folgt: Geht man davon aus, dass der Angreifer das Opfer schwer verletzen oder gar töten wollte, hatte er in einem gewissen Sinn Glück gehabt. Obwohl weder über fundierte anatomische Kenntnisse verfügend noch geübt im Umgang mit Messern, erwiesen sich die gesetzten Stiche zumindest teilweise als wirkungsvoll. Dies kann auf den Umstand zurückgeführt werden, dass der Angreifer Linkshänder war, zudem von geringerer Körpergröße als das Opfer. Als er vor dieses trat, führte er das Messer von links nach rechts, also in Herzrichtung und nicht davon weg, wie es für einen Rechtshänder typisch gewesen wäre. Zudem stieß er ziemlich gerade zu, wodurch er leichter zwischen den Rippen hindurchgelangte. Meist stechen Männer von oben nach unten, Frauen von unten nach oben.

Vor allem der dritte Stich, den der Angreifer circa einen Zentimeter unter das Brustbein des Opfers setzte, zeitigte, trotz des relativ geringen Kraftaufwands, fatale Wirkung. Bei den anderen Attacken spürte der Angreifer einen größeren Widerstand, etwa den federnden Widerstand der Rippenknorpel bei Stich Nummer eins sowie, aufgrund der knochigen Beschaffenheit der Rippe an dieser Stelle, einen harten Widerstand wie von massivem Holz bei dem seitlich angebrachten Stich Nummer vier.

## 30

**MINUTE 36–38**

Blut. Überall Blut. Manuel Hoffmann, Oberarzt Unfallchirurgie, seit bald vierzehn Stunden im Dienst, besah sich die pulsierende Riesenmuschel. Dann warf er einen Blick auf den Sekretbehälter. Mittlerweile hatten sich 1500 Milliliter Flüssigkeit angesammelt. Hoffmann legte Bauchtücher in den Brustkorb. Die Tücher verfärbten sich sofort rot.

*Piep-piep-piep-piep.*

**MINUTE 39**

In den letzten Jahren hatte die Unfallmedizin erhebliche Fortschritte gemacht. Heute überlebten fast achtzig Prozent der Patienten mit penetrierendem Trauma eine Notfallthorakotomie. Trotzdem war Hoffmann pessimistisch. Während er die Bauchtücher vorsichtig entfernte, sah er, wie es aus zahlreichen kleinen Blutgefäßen saftete. Ein Indiz, dass der Patient gerinnungsgestört war. Dies wiederum bedeutete: Sie hatten die Lage nicht mehr unter Kontrolle.

**MINUTE 40**

Hofmann sah die Stichwunde im rechten Brustkorb. Er ließ sich Nadelhalter und Faden reichen. Noch bevor er nähen konnte, begann das Herz erneut zu flimmern.

*Pi'p'p…ie…pi…pi…ep…p'p'p…pie…p'i…*

**MINUTE 41**

«Ich versuche es noch einmal mit einer manuellen Herzkompression», sagte er zur leitenden Anästhesistin.

«In Ordnung», antwortete sie und klang eher ratlos als ermunternd.

Der Anblick eines normal schlagenden Herzens hatte für Manuel Hoffmann etwas Beruhigendes, Urwüchsiges. Ein flimmerndes Herz hingegen erinnerte an einen Wackelpudding, der vom Teller zu rutschen drohte.

**MINUTE 41.30**

Er nahm das Herz des Sterbenden in die rechte Hand und drückte zu. Öffnete die Hand und drückte zu. Öffnete die Hand, drückte zu.

**MINUTE 42.15**

Anästhesistin: «Der Patient ist sauer bei einem pH unter 7.1. Das Kalium steigt, und die Gerinnung ist am Arsch.»

Ihre Wortwahl war ein mindestens so schlechtes Zeichen wie die vermeldeten Werte.

Hoffmann: «Lass es uns noch ein wenig weiterversuchen.» Er öffnete die Hand und drückte zu. Auf und zu. Auf und zu.

**MINUTE 43.45**

Anästhesistin: «Manuel ...»

Wenn sich die beiden leitenden Ärzte im Schockraum mit Vornamen ansprachen, wussten alle: Es gab keine Hoffnung mehr.

«… Manuel, wir können den Patienten nicht mehr halten. Ich messe keinen Auswurf, wahrscheinlich ist das Herz leer. Volumen läuft sicher intravasal, mehr ist nicht möglich. Die Katecholamine sind auch ausgeschöpft, die Pupillen entrunden sich.»

Hoffmann wartete, dass die Anästhesistin das Offensichtliche aussprach.

Tonlos sagte sie: «Wir haben alles versucht. Ich glaube, wir sollten jetzt aufhören. Wie ist deine Einschätzung, Manuel?»

Ja, er sehe das auch so, antwortete Hoffmann matt, blickte in die Runde und fragte, ob alle hinter dem Entscheid stehen könnten.

Als keine Einwände kamen, stellte die Anästhesistin die Überwachungsapparate und das Beatmungsgerät ab.

*Piep-piep-piep.*

*Piep-piep.*

*Piep.*

---

Hoffmann blickte zur Uhr an der Wand und sagte: «Todeszeitpunkt ist 13.09 Uhr.» Alle Anwesenden notierten sich die Uhrzeit, damit es später keinen Ärger mit der Polizei oder dem Zivilstandsamt gab.

Wie immer, wenn jemand gestorben war, wurde es still im Schockraum. Totenstill.

Hoffmann verschloss den Brustkorb mit ein paar dicken Nähten. Danach wusch er sich die Hände, nahm die Haube vom Kopf und eilte grußlos hinaus. Im Pausenraum trank er im Stehen ein Glas Mineralwasser mit Kohlensäure, dann einen doppelten Espresso. Die Leitstelle teilte mit, dass in der Notfallaufnahme Angehörige des Verstorbenen warteten. Er seufzte, verließ den Pausenraum und ging den Korridor hinunter. Als er durch die automatische Schiebetür trat, sah er, dass die Brünette mit dem Hundefimmel hinter dem Empfangsschalter saß. Auch wenn er nichts mit Hunden anfangen konnte: eine nette Person.

Obwohl die Frau, soviel er wusste, nur Teilzeit arbeitete, schien sie immer dann Dienst zu haben, wenn er vor einer besonders schwierigen Aufgabe stand. Wie im Winter vor zwei Jahren, als er hier auf eine Mutter traf, die mit Blumenstrauß, CD-Player und Gummibärchen gekommen war, weil sie glaubte, ihre Tochter habe sich beim Skifahren das Bein gebrochen.

Es befanden sich vier Personen im Raum. Die Brünette zeigte jedoch nicht auf das ältere Paar, von dem er vermutet hatte, dass es sich um die Eltern des Getöteten handeln könnte. Sondern auf einen untersetzten Mann im Anzug. Er ging auf den Mann zu, stellte sich vor und fragte, in welcher Beziehung er zu dem Patienten stehe.

T. nannte seinen Namen. Er sei der Chef des Verletzten und dabei gewesen, als es passierte. Die Polizei bemühe sich, den Vater ausfindig zu machen, der vermutlich in einem Pflegeheim außerhalb der Stadt lebe.

Dann sei ihm bewusst, sagte Hoffmann zu dem Mann, der ihm vage bekannt vorkam, dass der Mitarbeiter schwer verletzt worden sei.

Ja, antwortete T. tränenerstickt. Ein junger bärtiger Typ, wahrscheinlich Ausländer, sei auf sie beide zugerannt und habe wie von Sinnen auf den Kollegen eingestochen. Nach einigen Sekunden sei es ihm, T., gelungen, den Mann in die Flucht zu schlagen.

Leider, nahm Hoffmann den Faden auf, habe der Mitarbeiter bei dem Angriff sehr viel Blut verloren. Nach einer rund vierzigminütigen Notoperation sei er seinen schweren Verletzungen erlegen.

T. rückte die Krawatte zurecht. Eine Träne rollte über seine Wange. Der Getötete sei nicht nur einer seiner besten Mitarbeiter gewesen, sondern ein Freund. Er werde persönlich dafür sorgen, dass die wichtigste Wochenzeitung des Landes, deren publizistisches Credo der Freund stets mit Hingabe vertreten habe, ihm ein ehrendes Andenken bewahre. Vielleicht, indem man eine Stiftung in seinem Namen gründe. Auf alle Fälle werde man sich durch die abscheuliche Tat in keiner Weise davon abhalten lassen, weiterhin im Dienst der Wahrheit zu schreiben und zu recherchieren. Dies sei bestimmt im Sinne des Verstorbenen.

Hoffmann fand, der Mann klinge eher aufgekratzt als erschüttert.

# DANK

Bei den Recherchen zu dieser Geschichte konnte ich auf die großzügige Unterstützung einer ganzen Reihe von Menschen zählen. Ich bin ihnen zu tiefem Dank verpflichtet. Zuallererst nennen möchte ich die Ärzte Dr. Martin Brüesch und Dr. Valentin Neuhaus vom Universitätsspital Zürich, die mir mit außerordentlichem Engagement und nie versiegender Geduld die Grundzüge einer Notfallthorakotomie erläutert haben. Ein besonderer Dank geht an Feras für seine scharfsinnigen und unterhaltsamen Ausführungen zum Lebensgefühl eines bosnischen Schweizers nach «9 / 11». Ahmad und seiner Familie ebenso wie Fathi danke ich für ihre Bereitschaft, sich von mir endlos lange befragen zu lassen. Ohne den Sachverstand und die große Hilfsbereitschaft von Thomas Widmer wäre der Versuch, Koransuren, theologisch verbrämte Argumentationen oder die Schilderung religiöser Praktiken in meine Geschichte einzubauen, erfolglos geblieben. Danke, Thomas. Meine zahlreichen die serbokroatische respektive bosnische Sprache betreffenden Fragen wurden Mal für Mal ebenso rasch wie kompetent von Mila Grob beantwortet. Herzlichen Dank! Durch Bea Rüegg und Marietta Haller habe ich viel Erhellendes über die Psychologie von Vergewaltigungsopfern erfahren, mein Dank gilt auch ihnen. Sollte im Lauf der Lektüre ein bisschen Spannung aufgekommen sein, dann ist dies zu einem großen Teil das Verdienst von Daniel Stiepleman. Thank you, Dan, for your time, your enthusiasm and your honesty. Max Wey danke ich für die ebenso lehrreichen wie unterhaltsamen Deutschstunden. Meike Bambach vom Hotel Paradies in Ftan hat mir zu einer Zeit, als es mit dem Schreiben nicht voranging, für einige Tage Unterschlupf in ihrem wunderbaren Haus gewährt. Auch für diese Unterstützung bedanke ich mich herzlich.

Darüber hinaus bin ich für größere und kleinere Auskünfte, Hinweise, Anregungen oder Gesten der Ermutigung vielen weiteren Menschen zu Dank verpflichtet, insbesondere: Prof. Dr. Marius Keel, Mikael Krogerus, Christine Gerstacker, René Scheidegger, Dr. Simon Erlanger, Anita Berger, Julia Heinzer, Ueli Bernays, Mathias Plüss, Fred Schmid sowie Philip and his crew from the fabulous Hungarian Pastry Shop.

Der größte Dank aber gilt meiner Frau. Ohne sie gäbe es weder dieses noch ein anderes Buch von mir.

Alfred Bodenheimer

*Der Messias kommt nicht.*

Rabbi Kleins dritter Fall

Roman

176 Seiten, gebunden

ISBN 978-3-312-00686-1

«Wenn du dich in Teufels Küche begibst, schau wenigstens, dass du sie als Chefkoch verlässt und nicht als Hackbraten.» Diesen Spruch seines Vaters hat Rabbi Klein im Ohr, als er sich von einem jungen Kommissar einspannen lässt, um seine Nachforschungen in der Basler jüdischen Gemeinde zu unterstützen. Eines ihrer Vorstandsmitglieder, ein erfolgreicher Anwalt, ist erschossen worden. Eigentlich wollte der Zürcher Rabbiner Klein in Basel nur ein Buch aus dem 16. Jahrhundert über den christlichen und den jüdischen Messias übersetzen. Während seiner heiklen Ermittlungen tritt dieses Ziel in den Hintergrund – zu unrecht, wie Klein irgendwann klar wird. Denn am Ende ist es nicht zuletzt das Nachdenken über den Messias, was ihn auf die richtige Spur bringt.

«Bodenheimer verzahnt die zwei Komplexe – Bibelauslegung und Aufklärung des Mordes – raffiniert und virtuos.»

Roman Bucheli, *Neue Zürcher Zeitung*

Castle Freeman

*Männer mit Erfahrung*

Roman

Aus dem Englischen von Dirk van Gunsteren

176 Seiten, gebunden

ISBN 978-3-312-00687-8

Eine junge Frau, Lilian, zieht in ein kleines Nest in Vermont, wo neue Nachbarn drei Generationen später noch als Fremde gelten. Bald fühlt Lilian sich von einem undurchsichtigen Typen namens Blackway verfolgt. Er soll als Warnung ihre Katze getötet haben. Gesehen hat sie es nicht, wie sie zugeben muss, also sind dem Sheriff die Hände gebunden. Sie sucht Schutz bei einem seltsamen Duo: den betagten Lester und den hünenhaften, etwas beschränkten Nate. Gemeinsam suchen sie nun nach Blackway, um ihn zu erwischen, bevor er sie erwischt. – Ein extrem spannender und vibrierend lustiger Roman in der Art der Coen-Brüder oder von Tarantino.

«Es gibt einen klaren moralischen Bogen in dieser Geschichte, und Spannung ohne Ende. Aber *Männer mit Erfahrung* ist vor allem ein literarischer Roman, mit Anklängen von *Deliverance* und Cormac McCarthy.» *The Wall Street Journal*

N&K

Charles Lewinsky
*Andersen*
Roman
400 Seiten, gebunden
ISBN 978-3-312-00689-2

Jonas ist ein seltsames Baby. Er weint selten, liebt klassische Musik und übt wie besessen motorische Fertigkeiten. Manchmal hat er den wissenden Ausdruck eines Greises im Gesicht. Aber man kennt das ja; die jungen Eltern sind stolz und liebevoll. Und Jonas setzt alles daran, dass es so bleibt. Es könnte seine Pläne gefährden, wenn man ihm zu früh auf die Schliche kommt. Also trainiert er, still und diszipliniert, bis seine Zeit gekommen ist. Aber Jonas ist gar nicht Jonas. Seine Identität ist ein Entdeckungsspiel der Rätselextraklasse.
Rasant, klug und mit einem Witz, der so böse ist wie die Gesinnung seines Helden, erzählt Charles Lewinsky die Geschichte eines Mannes, der dank einer ausgedachten Identität eine zweite Chance bekommt. Und eine dritte. Wie er sie nutzt, lässt das Blut bis in die nächste Generation gefrieren.

N & K